Allemand mots cachés

Mots cachés bilingues français-allemand

Contenu

Publié en 2024 par Dialog Abroad Books

0921 002
2 4 6 8 10 9 7 5 3
ISBN 9783985522699

MOTS CACHÉS

Trouve les traductions allemandes des mots listés en français.

Les mots peuvent être cachés horizontalement, verticalement ou en diagonale, dans les deux sens.

Lorsque tu trouves un mot allemand, entoure les lettres pour le mettre en évidence.

Par exemple: **UN, DEUX, TROIS**

Les solutions se trouvent à la fin de l'ouvrage.

Amuse-toi bien et pratiquez votre vocabulaire allemand !

1

```
N E F L E H E A F G B Z N J L F S J N G
Q G B P J Y H C S L A F W E U N R X J H
M W N U D P G J Z Z D G A P G U P E Y T
I U V D E N D P A K W T Y I F E C B A D
P K B O D D E I C Y M L T L M E G Q L L
M Z Q Q A P R G X W D Y E N V D W C F B
O U F T R J A W I B Y G B E C H L X Y P
C D T O E Q L K T P L T S I X B X C T
E I M N G V A V Y D B S D M N D Z P B F
I E K E F R R S Z Q R L B G I A S D O A
F G G M H E M X N E C D U E A L E C D X
Z E V M H O V Z Z B E C S Z Z P L E Q X
V M L O W M X V E H E C N N E Z B P J F
V E P K H T E V N K H H V H W X S J M C
A I U L C B U Q U U A F L Z D S T X V D
T N D L L A W K L U R J T Y P C R O P B
J D J O W T A E A W N E H C U K R E D I
Y E I V M H C S I T B I E R H C S R E D
X N H N M P K O D A S F E N S T E R R R
D J H U W W N T Y U V E V G X M P P J Q
```

LA COMMUNAUTÉ   LA FENÊTRE
RÉEL   MÊME
IMPARFAIT   LE BUREAU
L'ALARME   LE GÂTEAU
CONTRE   FAUX
DROIT   D'ABORD
AIDER   L'ÉCOLE

2

```
H P D K T Q Y G W K Q R J N R G Y E F P
K E E U B C U B I K K L P P N Y M T U L
A D Y F D M R S W B E S U U W E V F A B
F F M Y A N K O M M E N R V U A P W N P
Y L V U T L B H Y Y C E T L T G E G E N
S H W J H Y X L E L I P I Z E B Y Ü S M
G I D N E B E L H T S S Q F C O B Q S C
B U P M G D Y O T R H Z T H U E G M A D
E R S H V G K A A W X U S X N U M R L Q
P I U U O R H S D I E M A C H T D D R K
M R X F E C N C W T Y K G R F V A A E K
F H B D S N E T Ö T Z T L N Y J S S V Y
O M J E N T Z H T I T W N T K Y E P H G
B C I Q O D G P Z G W U W R P H R O C V
G D C W X G N R X V D X A T Q B G S I Q
N J L L T E H C S I E L F S A D E T S R
V Y N U D H S M E U M P J E W P B F C G
B F I N V Z H B R X O J C E U H N A Z L
S R I H H Q F A J C X F K R Q S I C D K
F F A C D I E T A S T A T U R G S H W G
```

COMPTER SUR

CONTRE

L'OMBRE

LA PUISSANCE

LA BOÎTE AUX LETTRES

VIVANT

TROUVER

LE CHOU

TUER

S'ENTRAÎNER

LE RÉSULTAT

LE CLAVIER

ARRIVER

LA VIANDE

3

```
F T S O M V S H B L S O M H L H I N E I
F C M A Y B X E T T E R A G I Z E I D H
W Q B V I O C E X L K Q O T L S W G S E
P Z E S M Z X U Y E N K P L L Z I M Y E
R B J W Y W B M W T E B V Y L W R M P N
D Y I R I I Q F K O M D N A L S A D L C
L R F Z V S V N Z H Ä I V U U H X E E Z
J K N M V Q K I N S H U R D Y X S D H S
P S N E F Z G P C A C B D T W S N V A C
T C S E V G D K T D S W X J A X R B N H
G C S F V O E R W C E O Q M E F G N T A
I A I V J Q R W E T B O R S T I L L O R
Z S R C N Y A D E R B E R G B C Y U M F
T T R R O L U M L Z V B Z S C J U U Q M
U T E U K X F T Y X W M A Q V K V W W X
M K D N R Y W D I E K A R T E Z E A D U
H N N Y J G A E P B E C X G S P V F T W
C Z W G I Y N Y Q H R C Z U G B H Q U U
S K W P K Q D M B W N D P W M V L O T J
A T R R R D J C Z L X X U A R T Z Q H J
```

L'EFFORT	EMBARRASSER
L'HÔTEL	LA CARTE
GÂCHER	LA FISSURE
AUTOUR	PRÈS
POINTU	LE PAYS
LA CIGARETTE	LA MONTAGNE
SILENCIEUX	SALE

4

```
M S O D R D Q V H A T T B F T M H R K R
I H P I E N A M G J A Y K R P B S T G K
M S S E T A X Y A S F F V W P J M F I N
D V C T N S L J B X B L A F B L Q A B H
A S X E I R X L D E R S T A U B Q H U Z
I A H M W E J N I C K E N T Q I C B A D
U O J P R D V N O D W K L U P W R E T I
V T E E D N R E D E F B H C I E L S E
V O I R D E B O X E P P H R D K H B Q B
R V J A A H U V L S I X V E Y H C R K E
S D T T C E B U A R T E I D H O U E C V
H E D U A X S R K T Y U A Q Z P S I Y Ö
H Z G R H T T D Q U K S L A F Q E W U L
E B R O W P C Y J F S L U T H O B O F K
D I E S O N N E U Y P L H R L R R X D E
A E R D A C O D S P S L Y I F E E V C R
X Z R A Y W G T D Y L A D U S O D I P U
T H K F G L E F I T A Y D I J S T G F N
V U C M A M T O E L Y E I B W N F G K G
E Z Q C E Q Q O F U T I A G D C L G X A
```

LE RAISIN	**VIVANT**
POUSSIÉREUX	**LE SYSTÈME**
ACQUIESCER	**LE CHAPEAU**
LA TEMPÉRATURE	**LE SOLEIL**
LA POUSSIÈRE	**LE SABLE**
LA POPULATION	**LE VISITEUR**
GONFLABLE	**L'HIVER**

5

```
B M U K P F F S N S T I A W N T X M V H
B L O H Q S C N E N E M H E N F U A R S
D W N M R H Y I R O M H H B C I L D R M
A L T E N G I X Y D E R U N F A L L R G
R R U E B S D S Q X Z W M U N M Q C J L M
R H L H Y M N H I J A U I X O T O O N E
A L N R C C O R S L D B A I Z B Y B T A
N J R P B S E B J U D Q G A K Z U W I B
G B Q C V T E Q E S Q X E E D M T P E H
I C W X K Z Q I O I O Q T Z R S F I H P
E R M N L P C P D G D H X J A E J G N D
R J N E M U Ä R T J D X L G Z J L N E Q
E Y G N S F Z V D K R B U L D I Z R G K
N R E B L A M U R E H Q Y F E N S Y N G
A X Z H H P Z Q I K E F U T R O V N A H
J I E E W V O R E I F E N C M M M E G K
M U I Z K N L Q V M H E O M O U I P R C
T N O R L A R E Q D G S E H N X Q G E N
X B X T B C L W A E S R D A A P L G V X
E N M Z R H S R G Y O B W V T T N X C R
```

<table>
<tr><td>L'ACCIDENT</td><td>ENREGISTRER</td></tr>
<tr><td>LA DETTE</td><td>L'ÉTÉ</td></tr>
<tr><td>MATURE</td><td>RAPIDE</td></tr>
<tr><td>LA BOMBE</td><td>LE MOIS</td></tr>
<tr><td>APRÈS</td><td>POUR TROMPER</td></tr>
<tr><td>ORGANISER</td><td>PASSÉ</td></tr>
<tr><td>CONTRAIRE</td><td>RÊVER</td></tr>
</table>

```
W D A S I N S T R U M E N T G Z T Z L P
G E O G I L I E W G N A L K C B B T J P
X T A L N T S U T F E O K W B M O A X T
G W W V J C W T R W V H E I K G Y L Q X
N E G I D L U H C S T N E H C I S P A K
L F Z X P F C J O D A S K I N N F L Z Z
T L A R A Y L C D P M W U G W G C E V V
H F F U N M G Z E E B K F T W J V I P K
C B Y E F E N O O A R B O K Y X M P M N
A Q C K U J H Z Z Q L G C R R C S S Z F
N F X N U O R C A E H Z E A P Y N R U X
R X N C Z E P O S B Q Z L S S B F E N B
E W M Z H I V J V N P M X O C B T D Z C
T D A S I N N E R E E H Q E H H M H R F
T J A B E N N M O T F M M L E S M R U K
I D P C Y Y W C P S A G E N F K A A E H
M H J Q E X F R X Z W C P I L Z S D C D
E N K G A G W K G Y S D G E D Z Z S L K
I Q E V L E N P B J G Y I B I Z A R R S
D Q R A R A D X V S B N C L Z K P L F B
```

L'INTÉRIEUR	BIZARRE
LE CŒUR	LE BOIS
DIRE	LE TERRAIN DE JEU
ENNUYEUX	LE GOÛT
LES GENS	S'EXCUSER
L'INSTRUMENT	LE MINUIT
PETIT	LE MENTON

```
C F N Z T F S X L L X G L G E L X N Z U
K A V T W P Q Y H C F M F O S P C F W W
O L R G Y W M B A D L S N I H A U P D M
Y H Y A Z C W E B R A F E I D L F E E I
K A L Z C P H K T D I E S E I T E R R P
X T Ä T I R O I R P E I D F N D U R C D
L H J Y T O F A M F I P R T P Y N X O E
Z I X C B F N C U C K P W Q G X X O M R
N Q Q Z G Z J P W O H S E I D G W N P P
D E G E B O G E N A Y D A S G R A S U L
I P S Y R C T D X T Y Y L S F Y X S T A
E B J E D A S U N T E R N E H M E N E N
V I K D W B C O N O R M A L B H P L R E
I I J Z N N H S E I S G H K A J J G X T
E M F B E G A N E U E R T S R E Z F J F
L D E V Z V I S R E R C G K Z N M Q X M
F K B C F Z K H A O Y R R A U C J M R J
A U I T V I L A S D Z A Y Y S F T V N Q
L E E Z D F Y Z E I S O W K B V Q O X G
T D E M S H W T B D C K H C W U A X M J
```

LA PAGE   ORDINAIRE

L'ORDINATEUR   LA VARIÉTÉ

LA PLANÈTE   LE DOMAINE

LA PRIORITÉ   L'ENTREPRISE

COURBÉ   LA COULEUR

LE SPECTACLE   VIEUX

ÉPARPILLER   L'HERBE

W D A P C B J C Z K T V H T X A A N N M
W A D E R K A L E N D E R G N V D B R A
F S F Y Z G K R O O X V G C Z W E I S L
L S J L L E H E J F D S C H W E R L V I
G C Z Z F C T M D W J X U O F W V U N I
H H D X L H M I I A E G F N A O E J I G
A A K X R M S U E E J X E O B L R W J P
L C V V Y V C D W S D G I Z N A T J B G
N H E Z A A H D O G N D L S R S R I T R
K S R O U Q W X C Ä T E H Z T W A E X A
X P S N H V I K H F G I ß B T I G Z X M
F I C X T E E P E D G K N U D B E A C U
Q E H Z Z D R V H Q L W W L A B S R L J
Z L W Y O I I N W A F V I R R E R N E S
L X I S T W G Z K Q G I T K G M I Z G N
P G N M V I H G Y T H I R O V I R D R C
E A D M G N Y S K G O S N E H C U A R N
T R E B B F R K X I G O X R S B A H F L
J L N I L Z J I B N N E ß E I L H C S U
K N S I A B P D S I H J Q B S Q N A X R

DISPARAITRE	JUSQU'À
LE CALENDRIER	FUMER
LA SEMAINE	LES ÉCHECS
FERMER	LE CONTRAT
QUE	EXISTER
L'EXTÉRIEUR	PENDRE
LOURD	DIFFICILE

```
A G A R N E S S A H A U S R X M O S F M
G G F K D K Y N E R R I W R E V L E L L
Q E A L T W L T D F V L Y A F K Q V D M
W H O R H L B E Z Y W I F A U A C M A J
O H V V I U R R Y G N U N H C E R E I D
Q P P S E D K B I N U D R J T M N U L D
R J H X R L G Q A W K F F Q J Y N Q I I
R V Y E K L H M G E S C H Ä F T I G E E
T K C F L E N I H C S A M E I D R U N U
U K Z M J X A H I G T X U L Z N H P U N
B M H H S K Z T F K B C F E A V G M G I
B I J C A B S U J J J N B V M A X W M V
W R V I I T U T M U Ä R E G F U A W B E
C B V L L Q D O W I E U S D Y L S V C R
Y B X R P M C A U F I M Q J R U G O R S
M X F H L R E S S G D Q N O D O T R H I
T J K Ä N L E Z O A R H P I M M M V Q T
M V D F F D O I Q T U E L C Y W Z U D Ä
G K P E U R M K C Ü L G N U S A D W A T
L B A G M R K V D H I R E N D Z R X M J
```

SAVOUREUX	**LE TICKET DE CAISSE**
L'UNIVERSITÉ	**DANGEREUX**
CONFONDRE	**LE DÉSASTRE**
ASSASSINER	**RANGÉ**
RICHE	**DÉTESTER**
LA SALETÉ	**L'OEIL**
ANIMÉ	**LA MACHINE**

```
C G A Y I S S S F J Q R B Z E T U O A T
X B E N T U J R N K U V D G R A U S A M
V D A W A A T J B C N D Y I E M F F D W
W R N M R D I E E I G E N S C H A F T N
Q F E D M E M H N B L B D Q X B O Y H O
Z I A N P S D X L Y Q F H O S W G U S I
D E E M R A E I D Q Z T A C B U U T A T
G K N E H C A L H J Z M Y Z A R P S F A
V O H T B C B T E R H Q G F I D E G T N
O U I E X B A G K A O A R V X K S D I I
R I N K T B R G M X H C K R Y B E A G B
S W Z C P A D U M L E I T E N C A T D M
C Z A T O S Z Z S W O Q N C M Q H W C O
H T Y O V T I P A F K X D L H I X O C K
L W T P M G R E R J V V E M R A B I N E
A M B Z Y H T P O F M N R T M K Y F F I
G X L W P P V J Q D M G W Q F Q X V O D
E D R B P H G I E T S R E G R Ü B R E D
N E K U O E I B F Y M U R X R V T Y P O
A D H G Z V R V W Y L E T B B O A D H P
```

SUGGÉRER	**LE TOIT**
LA COMBINAISON	**LA SOURIS**
L'ARMÉE	**LE TROTTOIR**
LE CHEMIN	**LE FOND**
LA PROPRIÉTÉ	**GUIDER**
LA VALEUR	**JUTEUX**
RIRE	**HORRIBLE**

```
N L J F Q P N H U W G R P W M C C O W O
X S Q Z F W Y A H J I O X D V W I B L X
P B S K D X W C B Y T V Z F H E E P L Z
N I D C N Z W H G J G A K Y I J D O T N
E P F W J W A Z L K F K C G Q E L L F L
F H C X M H W A Z S G Q Z V M I Ä G J E
J T F N Q C Ö Q D F D C B S I Q M E S H
N Y D W U I J F B J O Z Q L R T E B D C
N P S J H L A C L K J M Z Z M R G R I I
A I M R H R O I O I J S C D I V S A J E
E P P E R E T I U O C K W N K T A U Z R
R B B G V N F L V B Z H G Z G F D C O T
I H E N R I N Z G W J E U R B A P H R S
K J A E E E Z T A T N A O K P R G T O O
H D S R U W Y G N J T ß Z J B P F K T B
V J R I T X N F Z G P R T K N L M N S J
F Z W S K P K M M A D E R H U M O R A N
P G E C G N U T L A H R E T N U E I D X
Y T E H B Q M T S O T T N E N N E R T C
V P A Z N W W U D W B S Z U C Y O N J P
```

LA PEINTURE **LUTTER**
GRAND **SÉPARER**
PLUVIEUX **ENSEMBLE**
L'HUMOUR **SUR**
LA PORTE **POLI**
FRACASSER **EN LARMES**
D'OCCASION **LA CONVERSATION**

12

```
V K O X Z W V I W C R T C E U C G C J B
R Q D D I R W L P J R Q U L L G N Z Y I
B V J D I E S P I N N E T E G B H R I D
S B L K N E Q I I N H L G R F Q D T U Y
F I O Y B D I E C U E N B N O K I Z Y C
Q U E F D O D N T G I K T J Q R P U H D
T N R S H N M K V L S B C E P C E C R A
K X B H A D Z A K E B D V E T E E D G S
Y K Y Q H D Q E S J S Q J Z M N J S N R
R U W H C N I X X C Z T S L Z H A J R E
N E J O C D R V A F H I I M W T C F J Z
E K L U O L F Z F X J L U T E N S S I E
F M L A N B M V G X G V A N I W K L R P
U Q S X K Ö N I G L I C H G T O M O E T
Z J G H C Y V F K S O A B I E H N A R Q
E O D S N I Z I D E M E I D A N E C U M
Z F G W I P H F W Q W Y P H H D V I N D
U L M O P O D Y Q K E U O S L D B Y D W
H X K Q F P B G I S E F N E H C U S E B
N Z B U D E R G E B U R T S T A G X N M
```

FRAPPER	**L'ARAIGNÉE**
LA RECETTE	**LE LIEU**
DEUXIÈME	**VISITER**
ROYAL	**L'ANNIVERSAIRE**
LA MÉDECINE	**LA GLACE**
GOÛTER	**L'INVESTISSEMENT**
ROND	**LA CLOCHE**

D B K P Q H X H J L Z H V C X P I F O O
X Z T L H U Q V N S Y L O A Z F Y B W Z
A H R V C J C V E K N E R Ö T S R E Z S
B K U I P F K X N Z Q A Z F M R B Z V T
P B E F A C L Z N K R D Q U F L K B T H
F O D X T A S U A P B B L C J D O T S E
J H Y T I M Q F P A O E Y I E M R O R A
T V F L E H R Q S F Q N V C H V O Y J F
T C C K H C K D T B T U P I Z C V Y R U
B I R V R A Z T N P N H M W V O S A E S
Q N L K E G B X E I Y E W Y U B Q S C E
D A O J H I I V H B E D G K G T R E A D
T I L F C L P D E R A N F A N G Z S I D
L K E S I E I Y C S B E S P S Q N E Y E
U J M P S S Q P Z R S S H P G D S I Q R
A K B Y E U X E U N K A Z S Z A P R I B
F A U S I R G K Y M I D U F C L Q R D A
R N J B D G S Q Q E Y U E H Q U M E E U
E U X Z H J R O S N E B E W H C S D Q M
V N I V K Z U Q N Y H X Q Q R L N P D O

DÉTRUIRE	**LE DÉBUT**
POURRI	**FLOTTER**
EFFRAYANT	**LE GÉANT**
SE RELAXER	**LE SIGNE**
L'ARBRE	**LA PERSONNE**
DÉSACTIVÉ	**LA CHOSE**
LA FIN	**LA SÉCURITÉ**

14

```
N O J C W Q I F E A P P L A N E N U M F
A F R S N Q X T G W K H T Y U V A O R L
N Z W F U V A R A J Q C P Z N D O X I R
D E R O Z E A N S F D U P N A E N P H S
W J G G K F Q P S Z E B B H J R A L C U
T L V O P I Z R U J R S S N W H K B S N
X R A T B J K I A Y S A I W V A G D N H
O P E U P L O Z E M N D W P M A I L E X
W W N T S W L F I T A M M U W R R N G M
F H A T T Z X E D A C L K G J S H E E T
J M B J E I R S R C K Z G Z G C Z D R V
S N L E C K B O R E I C P Y G H Q I R Y
H U J Y I H W R P G D J T L K N D E E R
W N R N E L I E E B H C I S V I F P D C
I V P B W R M S I T R K I G B T N F R I
A T L I W B X P J G S R M E F T O L A T
U X G W X D I E K A T E G O R I E A K Q
Z N U A V J V D U I E Y D T O N C N S L
U X L L C J F C F N I Z M A G E R Z T O
F P D V S O F H P E L V F W N Y X E O G
```

MAIGRE	**LA COUPE DE CHEVEUX**
LE CASSE-CROÛTE	**LA DÉCLARATION**
LE PARAPLUIE	**LE LIVRE**
PLANIFIER	**LE COUDE**
SE DÉPÊCHER	**L'OCÉAN**
FÉROCE	**LA PLANTE**
ABRUPTE	**LA CATÉGORIE**

```
S Y V S T D C G E N E G O I S L N L J M
S O U G O A E Z K W H J C U T U S G F M
W Y D D B S I N Z I D O L N P B O O X C
N S R D V E J K X Q V B S F M B X M E W
M B H I R H S F P B B S R M Y G M R I
O J L E G E U I V P H S V E M M H H N
T L N S I I J I B A D V U Z U D Ö U Ö Z
W C V H G E R E H M P L F U J Q G H I
I Y J H V N T M I L R I F B P G P A E G
E N Q U S I Q S Z E N Y B W U O G Q N N
D H X B E S A K U N K K A H T H U N I T
E Z F L D B R Y J E F H R U A G K S I E
R T Z A I U W Y J M L Y E F D R W Z J P
H B G D G U Z F U A R E D Q K U S E W I
O D V E N V S R L W A T A H K K V C L N
L N R E K I T I L O P E I D Q R S O H G
E H Z R E R N Z H D N H S O D H O K W H
N B Y N N K L W D O Z X K Z C C W G J Y
G D U G V V W O Y Y V O K C P E F U K W
C H F V Q H C S I T N A M O R D R B O S
```

RÉPÉTER	**COOL**
LE TIROIR	**MINUSCULE**
LE DRAIN	**ROMANTIQUE**
L'ASCENSEUR	**RUDE**
LE FILS	**AIMER**
L'ÉVÉNEMENT	**LA POLITIQUE**
SE VANTER	**AUGMENTER**

J L O Q A W S J Z V M H P D C D J C K C
T Z H A C R U W L N X R E P O H H E A P
J R R U O L C P Q D A R L Z C N A R J I
U Q D I E T A N T E B T R I K A Q P K Z
N C K W S B W H C U L B S O W F E C I L
B A A T I E H K N A R K E I D X A O R E
E V J B I P S T O Z T W M X D K J S V S
K K F C G Z S P M L L B T H N E K L V I
A Z H R U T J Y H K K Y X Z X E I G H E
N P O D I E G R U N D L A G E Q N D T M
N ß C F D I E E N T S C H E I D U N G A
T I T H R H A G E D R A Y Y G O X G E E
N L U J K S L X C U I L N E T Z A J R I
E F Z E X D E R F R E M D E P N C K Ö D
B E B M R N Y Y G S A D X B E F X G S L
G D R V X P F I U X B J N X P M K B T H
A G O S B G M B N I Y F P J T P I U E J
O G H X M U A W T W X X I Y X B T W T R
O I B V G P H D E E R F O L G R E I C H
W R V V V R A W R Z C D D P N F H Q E D

LA MALADIE	**LA FONDATION**
LA FOURMI	**INCONNU**
RÔTI	**PARMI**
LA DISTANCE	**DOUX**
GRAND	**L'ÉTRANGER**
RÉUSSI	**LA TANTE**
LA DÉCISION	**LE CRAYON**

```
D I E Z U S C H A U E R H H H R F F M A T
R N E H C N R Ö H H C I E S A D K U Q H
Q Q R S D J B I B X R R L P A T P X I C
K M G S W A C H S E N E O Z G T A T V I
A Z P N O L Z Z M C I J C W N F U G G Q E
D H C L I M E I D A I F X S C F V Y D S
X K V O E C N N O N D C D R S Z E S E X
S C H N E I E N D I E L I N K E G T R X
R U T Z S P O X F S P A X O M M U K K D
Q S N E G V H C I L ß E I L H C S S U A
E A U S S E T Z E N D Z S K W A E H S E
R P I S J X T U O E T U O R E I D D S C
B C I J Z I Z Q V Z V K E K J G M G V P
Ä F R H D H B Z G I V M C N E M L U P W
R M R C A E Q I S D F V B M A O E X M M
M N Q R J T R R N J U P J X T K E X D D
L O X R W L S G J Q A I S H X Z R R U D
I Y S W Q S T Q E I A R I Z B B B E V X R
C X F O P U P J W B L U N B B I N R P P
H R Q A D T Z B R Y Q D M Z W S S B W C
```

À L'EXCLUSION

L'ÉCUREUIL

PEU PROFOND

L'AUDITOIRE

PATHÉTIQUE

LE BAISER

À PROPOS

LE LAIT

NEIGER

À VIDER

LA GAUCHE

SUSPENDRE

GRANDIR

LA ROUTE

18

```
N L Q Q O D A S W I S S E N D N M B R Q
A H T N E A F Z R C C D A Q I E G D R H
S K O N Z R P N V I I I S A E D E O Y R
Q O Q M A L X C C U C E M W S I X D H Q
F N C W I K P Q V R N S X Z P E V B Z X
L R E J V O Y Z I F O T D W I M M E V Z
I O S D I E V U W I J U J P T R E K W C
K N F K N D D I Z O Z N X N Z E F O L F
C P P I E I F I B J M D E F E V Y M D A
S I E Y R H W O E Z O E Q D U U U M V S
W J F G E U S H K W C R U A Y C T E T W
L R M L I I E C C N A D M A L K G N O I
N N I Z N S R L E S F H H Y R A S H P Z
T U O G I I W ß E Q R M R R U M V C Y J
H J Q V U H E E C B Z E O H D I E K U H
A U ß E R I A T P O P K V M E C W U N M
T U C Y N S P F L H C Y K Y U I W A J P
T I A E N T H L C T A S H X W N T W X V
X G G H Q H M Ä P K Q B S P X O W Z W F
I T U G S E H H K S C H R E C K L I C H
```

LA CONNAISSANCE

LA VACHE

SAUF

ÉVITER

HORRIBLE

DISPARAÎTRE

RECEVOIR

HAUT

RUINER

BIEN

APPRÉCIER

MOITIÉ

L'HEURE

LA VÉRITÉ

P L C B T C I Q T V H L K D C N W D H S
O B J K Z L L V I C R C I V E E A I I H
B L A A D I G O I F U E R D U W Q E A C
Y T Q P E Z P E D Q Z D O I A D X G R E
K Y V D R D R A J U H A S E E E F A Z R
W Z N A H F D N V C S S B G L X B M F
D A Y S Ü S S G N L R H T E N Y K E F V
A Z Y P G L E S T Q T A E D U G A L B X
S A I X E I K Y Y Q H U C E M Q A F W A
G B K T L M S H M L Q S A U M H D Z M O
E P H A M I G K P J F T X T I V L U Z U
B X R G T T U R V G A I Z U T Y P S M Z
I J S R P D E R M A G E N N S F X M Z M
E K Z L D A S M E E R R W G E Z V G O A
T R L Z Z W Z N Y J N P P Y I K W I A S
U F H E K B K A L N U I C P D E W D U H
W J X X B H Q U D F U K D E X R Z R I M
E F T D D E I L J D G E I T F Y C F T M
B O L K M Y N F P M X Q M M A M T M Y E
M I Y D X J M V U N N F I D B O V R F G

RICHE	**LA MER**
LA ZONE	**L'HUMEUR**
STUPIDE	**VILAIN**
LA LANGUE	**L'ANIMAL DE COMPAGNIE**
LA FOURCHETTE	**LA LIMITE**
LE SENS	**L'ESTOMAC**
COLLER	**LA COLLINE**

```
H N D A I H F I Z D O J Q S L U V D M S
P M B A H U Q A T M O S P H Ä R E D T O
J E H B Q H V K U R E M M A H R E D Z L
Z H C H A G V F Z K O G N I L E Q R H T
D O S B Y U N Q I J T Z E E K A K L C R
H M I N P D E R B A H N H O F O F X I E
Z S E V A R X D F G O R C E Q W I C P W
X U L Y Q U N W C E M E H R Z P H J C
M P F A N Q E F H R Y A R C B I P U Y I
E M S V I G M X A R D E P A I F E H S B
Q U A K A G Y H Y P W T S S R U E C N Z
G M D L F N Y C E H I S R T Q R S S A N
K K H G A W B R A T D A E A I X O D I X
J C S R M S L Z R J I D V T B W X N N C
S C J H E D F O H S C H R E I E N A Y S
T W C V C D C K G Y N U U I I A M H U R
L C N Y S K B Z N Q V W Y D O I Q R B A
G S E Y E C F G Y J O W U S K K E E X Z
I S W N V K A H Y R A I A W D S N D L H
L A G E R S A D O I R R K G Q Y K T P J
```

PROMETTRE	LE MARTEAU
LE GANT	LE FAIT
SEC	HURLER
SANS VALEUR	L'ÉTAGÈRE
GIFLER	LE BOEUF
L'ATMOSPHÈRE	L'ENSEIGNANT
L'ÉQUIPE	LA GARE

```
G F T N O X P F U R H Z R Z R W V G V R
F L A E E Y I G N U J F H X Y I X W O E
J Z S R B T E T A R I E H R E V X C T M
R P X Ö C D X M H L K F E C R Z S Y F H
V V X H S A O N T G D M U I Q B J I K E
D Z B U T S N D E M J R K I B I L A N N
U E H Z C G E R G L D A S G I F T C R T
C G R H Q L F E U L B X H Q O Q C J F I
D R Z F O A L L D R J O N R M C V G G E
I S J G A S V E R S C H W E N D E N H B
B F R S D D K O C Z B N R K R W U D R
H G M A T I E T L V A W A W Z C A L C A
Q E J U Q T E N M B G P V J F R E Z B R
W H I B K E I I T I Z Q X I A H H D S E
B E L W Q R Y H N W X U Q Y A X A J U D
R E E L O A C O C S J C A C N W H S A Z
I Y V R D U H J K R E V O L L U P R E D
L I H L R R C I U S O L K C U M H C S Z
V H J F E P R W M L C E O H G U C V H V
J O X D I I P B G L F V B M G X E A R U
```

LE MIEL	**LE VERRE**
GASPILLER	**LE FIL**
COUVRIR	**MARIÉ**
LE SWEATER	**L'EMPLOYÉ**
LE POISON	**PLAINE**
L'ILE	**VIDE**
FERTILE	**ÉCOUTER**

22

```
P K D B Z U M R R Y T B T Q F D N S F O
B Z F E W L R J Y E W W K V I S A M Y L
N K O T N G E Z Y E T Z Y G G A S I D X
E O H T C E E D Y B I D I E K I S T E
H G N E N F E R S C H R E C K E N O Ü Q
Ö C R L B W E P U J H A L B G U P B J
H D E N W E U Q L P O L Z U R D D M E G
R Z U M I L C C H Y T E L H N E S N R D
E D A D E D P X D X Z I S O B C D O R U
L N B F C W I S X S M V H T L T Y I A C
P A R A R I X E D Q L H K T D Y Y T S H
B I E Y Y U L A M H O W T Ü I Z G I C V
U P D K T O Y P V E O G N H Q P O N H M
C Y P E Y V Q Z M H N N H C A J M I E F
T T S X T S Q W O A Y G I O X S L F N I
N K E Q L T I J K O B H E L V H W E G F
G Z M Y A D U C X Q O K O S P C I D S R
Q G D S B N X U D S M A R A P I O E E F
N E ß U A D F I I G T N D D G S W I N O
U H E Q R T L Z F H D S V U L H E D L P
```

LA BOÎTE	TERRIFIER
DE SURPRENDRE	LE MENEUR
DEHORS	LA FERME
À MENDIER	AUGMENTER
LE TROU	LA TERRE
LA FOULE	BRUN
LA DÉFINITION	MINCE

```
V A G A T C A A P B X I T T Q R J K W G
W Q V I C H F B O O A S R N C P T S P V
J M Z J E O K C A A T E B E N D D Y G T
F L I D S Y A D A S D S A G S G W N R D
W G D S P C I S W N H S W I Z V Z T O I
D H A Y Q E U S A H F O N L M I N E X E
H D C J T V Y N T T H E L U S W I D T
A C X A E J I Q N D O C P E Y M O L I A
W S S G Z E F Z E T D S H T F Q E N E S
A T P I H O A G M J R E W N N Q R E B S
E S O C R E R L T K F G S I T J L H E E
H N R S F F W U R I G R V D A C X M Z N
T U G N I B P Q A X H E E J Y Y N E A P
D R N E U R Ü F P B Y B Z J X T A N H O
Z X E K K I Z F A X T O X X W N V F L P
N M U O H K F A S F T S M B Y V X E U R
T V J A F L A U A A Q A L G I M R M N S
Y W W V D Y Y L D V X D G R K Y U Z G B
J G C K W V P V E R G E S S L I C H T X
O S Z S D I E R E A L I T Ä T U L F B H
```

FRAIS

INTELLIGENT

LA RÉALITÉ

LA TASSE

LE PAIEMENT

L'ÉTAGE

POUR

LE CANAPÉ

L'APPARTEMENT

PARESSEUX

LE BOUTON

OUBLIEUX

MÉLANGÉ

PARTICIPER

E A J P L R Y U A S R G X D K F I E T S
Q C P Z W V D Y O R E P I Y R D U D G O
F Z H O D W T B O C U E D Q V R S B Y G
X H B B H Z W R I U A L W D E R S E E W
G O X F K U Y D H T S D N O M R E D P D
D H K G Q T R W T I Y K P T D N Y L D A
A W W F W W Z R Z P G W H H M N F C S S
S P Q Z F H A T X I P D I E F R O N T G
M W Z E Y K C V R M N Z X N W G M S C E
Ä D E O T D S G K Q C Y X E D S Y T E F
D Z V I W B N X O B I Y C S D I V N X Ä
C J O K W U D E I M E H C E I D G S O S
H N O A H E Y D V F S Z U Y S S Z C O S
E E F D Z I U N H E I M L I C H S Y X G
N G U Y K I T F L V T W Z C O F E L H W
U T Z I C Y Z N M A K N O D P L F O L B
D I E V E R S C H M U T Z U N G P M I K
Z A L X B L R E O I A I C Q U L K D D G
C G R N F O P E O N A H F U P L V C I D
P U Z P Y T X K Z H B R J F Q X H E Q D

<table>
<tr><td>VENTEUX</td><td>EFFRAYANT</td></tr>
<tr><td>LE LAC</td><td>ACIDE</td></tr>
<tr><td>RIGIDE</td><td>COMMUTER</td></tr>
<tr><td>LA POLLUTION</td><td>LA FILLE</td></tr>
<tr><td>LA LUNE</td><td>AFFAMÉ</td></tr>
<tr><td>LA CHIMIE</td><td>L'ATTRACTION</td></tr>
<tr><td>LE DEVANT</td><td>LE POT</td></tr>
</table>

```
K Q U L Z K Z Q W Z K R E T T E N C W T
Y X N F X D O J U K N N E Q H O I Y O I
J G H N B X M I P E E T P L T M N X K T
Z A Ö E S T A R K B F R M Z E G N A O B
B T F ß N W L R E C R I I O R B U Q R K
T T L E P Q V N S N E N E I B E E K S V
J I I I J K R I M M A K V C N I Z K N C
I M C L V Z S P M P P E O D A L V L G F
C H H H Q B W I A X N N U I F E N K V V
R C O C Y N T A D E I N F Z Q J D Q E E
O A L S Z S O N N D O L K V M A G J R H
B N A E J E R S R C V G R K I S F N I
U R E I H T F D D Q M M M T O B D M G R C
S E D E A N B E S M X N T P C X E U Z E
T D M D C K N Z N I N T I I B X W S D M
J E E M E T P G B C Z U E G D B Z I O A
S I I B L J D V M M L U P M K H H N G Y
D Q X I B W E H L J D Z P F P K I G A D
V H C S I G L A T S O N U R K F M E X Q
D H D W Z A B X W S L Q P N Z S G N L X
```

LA VOIX L'APRÈS-MIDI
BOIRE À CÔTÉ DE
SAUVER INCLURE
DÉSORDONNÉ CHANTER
GROSSIER LES DONNÉES
ROBUSTE MÂCHER
NOSTALGIQUE FORT

```
D Y O O Z L R M U G W H Q V K N E R P O
Y W I G Y N Q V N I J C R S D N C O L G
F M Q S N N Q T N F B S E J M A K O P L
V B B E E U X K M U R N M D L D O Q U F
F M L G N S E K A E T C M Z F A M Z Z H
H S Q M R N Y R D Y F K I D O S O H F C
V J R M A C F N V E A O Z W O L S V G I
I S F J W E A E C I H A F V K A Y E F L
S Y M N I O Z O X A C G A L L N D F B D
B N G D V S O O W T S G L Q M D U O Q N
Y N M I A Y B E A Y N J H W N G I Q V U
B X C N V Ü B G J N E K C E R H C S R E
M O F B R T B P F X S Z S S N L S B M R
B P M S W R R Z Z D S L S Q Q H R G D F
M U T I G O Q P C F I C A B R P A I C U
E E X Q N C N C R M W B D W Q J E P P G
N H L E U K D Y F V E C C Q N I X F P R
G R G S R N S R V D I O J C D Q I V J V
T Ü C F G E C N Y V D R J E F Q S X P E
L U F Y Z N W Q I K R U E L Y Z W R E T
```

AMICAL	LA CHAMBRE
L'IDÉE	MENTIR
BRAVER	LA FEMME
AVERTIR	DIFFÉRENT
SÉCHER	LA TERRE
LA SCIENCE	EFFRAYER
DIRE AU REVOIR	BROSSER

27

```
T B S U P C Y I V F I N Z M O M N Y D A
O K K U J N M Z P R B V E R T R A U E N
Y F K J R E H C I S H D T M V W J L R I
F X N M G Q V Y J T I P H R D W X K P E
U P Z T X Y R Z O E F H L I Z D G Y A I
W Y O T O U S R S M O P E D M I C H S Q
C K V L U U X O B M V O K Y G E D C S P
A S G O Z A F D E O R P U Y K A I S A L
V L I F H T R F N A V X A Y D U E Q G M
V M H Z W O I T N I D T H A V S A F I G
K J U A T K P G R F P F C N O R N N E H
W M R L R S E G A E N S S Z R Ü W K R F
U E D X O H N E X E V K E R A S E X Z Y
V N K T P K X H Z J V C I Q U T N U G J
Q Z T B M H L T I P B Q D N S U D V B M
I F T L W M I Q M Z F T Z J I N U B E V
S V L T T S A H X T W Y Y H S G N Y H S
Z X M V E O T N R G X R H E Y Z G Q C L
O Y H B Z J O V B S L L T L C Q T C L K
F Y Q T U L R U Q A T H N L D R W J C T
```

DEVANT	**POSSÉDER**
FAIRE CONFIANCE	**BRILLANT**
SÛR	**LES LOGICIELS**
FAMILIER	**LA BALANÇOIRE**
L'ÉQUIPEMENT	**LE PASSAGER**
L'APPLICATION	**L'ORANGE**
CALME	**SANS**

```
W N W F Y B V Y S X U P V X G P M Y L T
Q Ö J F A J V G I X L O Y J A Q W R U O
W H D N I K S A D H J R M Z O S S J V Q
V C K T K M A L I R X T Z A Y B G I Z P
N S Y K L G V C O M H N N J E P N D V X
M Q F D O W O L A F E E V C S F U S Z F
D I E N A T U R K K F B S P L P L O Q I
R N U U I N Y I F U O H X Y U B I O O S
Y P G K Y Q C L L N V C Y X Y F E G B O
D E R R E I C H T U M I H T K V T K P K
J Z D K B K E B D W B D D E T V B Q N C
P S Y E Y C I D L I B O X D N Y A I L Q
L A U M P A N N J I I N N N E G E W E B
T L O V V N F Z J X N E T N N S I Z S R
D Z I X O J A A I Y B K V D U E D Z P M
K I A T X S N C F I N I E U Z F U A N B
Z G D K Z Q G A E Y N R J N E Q K N O U
I M V N R J E R U L L P N P K S O I J K
M P S A W S N D E R B R U D E R G T U N
D I E V E R S I C H E R U N G S I T A X
```

LA RICHESSE	**FROTTER**
SALÉ	**CLIGNER DES YEUX**
LA NATURE	**L'ASSURANCE**
BEAU	**PIÉGER**
BOUILLIR	**L'ENFANT**
SUR	**LE FRÈRE**
LE DÉPARTEMENT	**BOUGER**

```
M B D D S Z D L Y W Z N A K P G T F Z N
C O K E R W J X V V Z W G H I A G G W E
Y X I U V I O H D X T V C Z E Q Q E D N
N A K O R S T E M X Y I R Y U U V G W N
T M Q S Q C R Y T N L E W B A C K E N Ö
Y K R E H H W J G D H G Z D Z O P N A K
D I Q Z A E J F Ö T N M R Q N G G T G S
E M X K O N J T U C Z A F V B T Y E L A
R R E A F Q C G E C T Z T D J L S I T D
B N A U F S C H L I E ß E N U M L L S V
U E L S R E T T I B X B T O U M L Z P K
C H S D R S N W T H U Z W R J E U U I E
H Y S T K F F M F P N C V I D Z Y Q E P
S D T V L Q O S J W L V X N T P K D L P
T B X R N D Z S T N E D I S Ä R P R E D
A E S U D J N I M A R E A Z B Y T R N S
B K I M K Q U M P Y O B U O A M B P P F
E Y F S N L K J I Q Y D E N H H S M Z P
B D A L J B H Q W M B O Q F D Q W I F D
Y G E C T Y I F Y S X G U Y H I A G I D
```

MORTEL	**CUIRE**
ENTRE	**CARRÉ**
LA COMPÉTENCE	**CONTRAIRE**
LA LETTRE	**LE PRÉSIDENT**
AMER	**JOUER**
LE CROCHET	**COURT**
DÉVEROUILLER	**BIENVEILLANT**

Q Y R K N K P Q Y T A W H A G N Z U R O
G I S E I R C X J I O Q H G X H S C B U
V O E H F D H O H R Y M F U N A Z P L X
D Q T B P I T O Ü Z C R D T T B F X A Z
I M N I Y E Z B N J A K G A D O C G H C
E B E U R M S G Q L L Q C O M T D Y R N
B K E Z T A D Z I N C O U E P U S J E A
E P I C D G X E B T L W R R Y A H C T O
S G D L C I P Z A A Ä F T T J E R W N K
C C H M I E U L L D U T D G W I V I U F
H A K D N E H E S S U A T U G D Q F A Y
R K X L I D L U A K B O G L U M Q L N L
E T O W F Z P Q Y H Z K R D A J S Y Z U
I E H Q B S G B Z L V Y Q B A W K D I U
B N D G F G O E F K W O H H S F E M E V
U C J R F V U T B B B Z F P Q Y B G H Y
N H W I B R N T U D A S H A N D Y F E V
G D E R K R A G E N S O U X J O R D N A
B Y S M B P E N N T A R D A U Q S A D F
P X A B L A H R E N N I K K A V C V O T

LE TÉLÉPHONE PORTABLE	LE BUREAU
LE CARRÉ	BEAU
SOUS	ÉNORME
DANS	LE CANARD
VIOLENT	LE COLLIER
LA DESCRIPTION	ATTIRER
L'AUTOROUTE	LA MAGIE

```
P T U F H X A G C N P F C B R G Q S Y K
Q C O W X B S A K Q T U D I I J A Q M C
E O L T Z N S H J Q J Q O T R Y I B D P
H K D G I R E I W H C S X Y I G W W A Z
C E J A U N P A E O X C W M B I E G E N
S L L P O H C S I T S N E P S E G I Y L
R E O N B T J S D T F I C L C Y M S T E
I Z A Z Z L J M T A V W E E H G E R Q Z
K G Z E C M F P Y S S W W M W F H T Q T
E L G X V Z R J A I H M K N A L H C S D
I O D V J X U V C S C A E T C W M V Q D
D X R W E U M M B A I G O T H J W M L H
R H P G K M D S G K E I N K A U F E N O
Q W F K D B A S A L R S F A J L G K S L
T Z A Q V E S H A A F C C F C Y L N K P
Z T Z W X O M E F L L H E Y A K F K I E
E N T K I I E E O P I S R E V N E M X R
X L W X D S N K K N H Q B J B R W R G I
R U M F A S Ü X P I S F J I R Z V N I G
G H A N Z W O H N U N G M V X M E D A P
```

FAIRE DES COURSES	**LE MENU**
MAGIQUE	**SINISTRE**
MAIGRE	**UTILE**
PLAT	**LA CERISE**
ÉTROIT	**S'INCLINER**
RENFLEMENT	**FAIBLE**
LE MÉTAL	**DIFFICILE**

```
C F U F O Z V S W O X Z V E E I M N Q S
V M R P V M L S H U V T G G R L F J B K
X D U B A T D E R S A F T D M J A Y M W
F I S N K K A I Q N N B Y K U L U I L A
Z E C C I H X D V E R W A L T E N B E Q
N B H W S O A Q U G T U W H I G B E M G
O I L N U W H J G N I F M C G N L S S A
A B I G M H W Y A U Z P O I E J E C T U
P L E E E T Q R U T C Y Y Y N F V N R N
P I ß B I A E C T I T D Q U E N E E C J
X O E R D C B L F E R L O V T T A S R U
K T N A V A V Y Z Z N S S Z E I D S V U
M H L U J C S L D E W M O P T K I A O E
X E J C R O H A M I Y Y M O J V R L O I
G K W H A N F T N D I O H Y S N R K Y K
A M P T W E F L J G K N X O L O S E K P
V N O O Y F U U Y N E E K C X X G I X X
G J V X F Ü Y U I D X B L W T C Y D Q A
Y M Q D D R R H G S Y Z O F U W L T B J
V G M G W P C F U H Z W L T D H W J W F
```

INCOMPÉTENT	**LA CLASSE**
LÂCHE	**EXAMINER**
LE JUS	**ENCOURAGER**
LA MUSIQUE	**L'OFFRE**
TABOU	**GÉRER**
UTILISÉ	**LE JOURNAL**
FERMER	**LA BIBLIOTHÈQUE**

```
D A R S A D C H G O L G L X L G G E L B
A C G Q D E R Z E H Q W S Z J P I C D F
V W J G W G A Y U C L B R W Q S N N T O
J K A P S F S U Q B L X Q U N P Ö U Z V
D V G E H C N A R B E I D U G I K Ü A P
L K E C A W Y V D A S E S S E N R B R V
Y W N T K U K L O P F E N V A A E E Q F
N M F E T H Q J D S W T M C D B D R V B
J U H E I R U J D R T I P P E N P P S J
K J F R G F M S S A D E Z Y O V L R S S
E H A R B D E W T C S L V E B E J Ü R Q
A B Y H M W H N V E E Z W R V M P F K R
R R P H R S L P W B N C U Y T F L E B D
V I T Y P I R H B B Z N F H B C S N F N
W A L Y O X C X C K U F K L A T I E Q H
V J A O H Y Q O H F C G J D O U Z S G S
T W Q N Z I K E K T K Q P G K K S D Z D
O I J Q L T K G C M E Z O N R B E E J F
I T V E C F K G R O N C V E H N A R V U
S U P R Y F I Z A N M D J Q T I F F S K
```

PINCER	**LA NOURRITURE**
LA ROUE	**L'INDUSTRIE**
TOUSSER	**JAUNE**
LE ROI	**CHASSER**
LE DOIGT DE PIED	**FRAPPER**
VÉRIFIER	**TAPER**
LA MAISON	**HAUSSER LES ÉPAULES**

```
T A F P B X U K I G A V I H U R S D U L
G S H R F B R J Z A E M V Z L A N J J A
D E R F R E U N D E E I T H X B E K M Z
T A P D X E T L B V U C R L Z S V T X W
K W T R V E G F K D S S L K M S T B I Z
Q A I D E A Z M U Q K E S W R E I U L F
T P E C Z D W X T D U I E P C E L C A N
K W A W O H S Z G T R G O N H M D S F L
C B C T U N R R I H F E W N V I S M Y K
A R L Z Q W S R T F Q X D I V K J I N A
S A T D R L I S F R R F L S C Q F E Z J
K H E I B P C Z Ä C P J L R U L L C C Q
C U J E S N H S H L W T U E K O Q B M A
U I S C P P T J C E S H H D H P T L Ü E
R Q I R S J R F S C A Q N C L V K B M R
R I E E X C A M E Y A Y L B E K E E E C
E T V M W Q U J B G T G I F K R M H Y W
D Y W E E X E J C G G F G S E X S O I T
P H K D L O N Z Y H T P F Q B O X A M V
G U U F X L M V Y F C N S U O G L Q D Y
```

BRUYANT	**LA DROITE**
ALLER CHERCHER	**LA GUERRE**
COMESTIBLE	**L'ODEUR**
OCCUPÉ	**LE SENS**
LA CRÈME	**AU-DESSUS DE**
SPIRITUEL	**LE PETIT AMI**
OSER	**LE SAC À DOS**

```
Q B G N M D M O N F V T L G P K D T O E
V Q C P P D P O L D Y G H E U D C R P T
J P E F G I T H C I S R O V U P A W V I
H N I C P D A S H O B B Y H M N V E N E
K L D E U O K K T B N I N L G F L T U W
L D L V O Z D E R N O R D E N R Y U J H
D U N B N R E H C A R P S E I D M T J C
E M U Y L S Q V U T G D E R S T E I N I
R Y B B N T K E E H X S H A L F L Z S E
H R H A J S A D G I A C P X D X H U A R
I H W F T G U J J T S Q U K I N V M G E
M Y K H G G E X I T M O N E Q E G S I
M E U D K P D I N F U B X R S B Y T T D
E R O F A P N A K L G Z C H C K D H Ü E
L S D O D D G E O T N J M O H W L N O W
G U D A S R U N G O T E T R N T A S L N
A I K G O X C F N B M X Z F E I B O V E
P N V S T N E D N I B R E V C I R Q Y C
B T F R C J A I S G M G B U K M C D J E
E W V V I I X Z M Y K J Y E E Q V D I E
```

BIO
LE LOISIR
L'ANNÉE
LA GAMME
LA LANGUE
L'ESCARGOT
LE ROCHER

EN COLÈRE
MINUTIEUX
LE NORD
ORANGE
RUGUEUX
SE CONNECTER
LE CIEL

36

```
H A I F N N U K Y A Q A J D Y W J P X Y
C R X D P E E R W U J O H T D R T G M J
S Q V V R N I I L V K C T H B N R C I S
I O M K S R Z N O A U N T E R Ü H D Z E
T F R Y X E B F Y Q D W P H L E B P K C
S V Z D G F W J B A Q R E L J D J E X W
A W E X K T B C S P R D O F S U O L R M
I E O Y E N D T T P L V I Y E B Q S Z V
S B T Z W E R V R I T U Z S N I I N W K
U S Z H D E J V B R I D L L P D T C U C
H B E P F Z E S E E S Q T X S P R E H L
T W B F H L A W D U F L H B V H G C I W
N X E V M D W Q I A W Z H I Z P S K M D
E N S U E Q C A E M U X S D C I L B N U
J B Z H J P X U S E K G E Z R S J E N R
T F E I E I I E E I M Z L T F P B X X G
L W M L T W P L I D K Z K S B Ü G N U M
X T X Q N Z I Y F X H E N E F U A L Y U
V O C B M P Q G E Q L U X T J P I U A J
M D A S K R A N K E N H A U S C L Y G R
```

ENTHOUSIASTE	LE SAVON
ÉLECTRIQUE	L'HÔPITAL
L'IMAGE	COURIR
LA RÉUNION	RETIRER
À TRAVERS	PRÉCIEUX
S'EXERCER	LE MUR
SOUS	LA PROFONDEUR

```
V C M W D A S G E S I C H T S J D J H H
F Y B E F R I E D I G E N D Z I V H B W
O H T B Z X V I R Y D L K B T A E L Y N
M V B D U Q N Q I T K E F E D D I I P N
N I U K H H L G H B M N R U O A T D E P
E E Y I E L I N K N V O N F R S S R R A
H D H R U N O T B J R M E P E V N I F N
V N M T G E X P K H I E E L V E P B J G
D E D P D T B J M L P J E Q L R T K K J
E G A O R L P X O B Y Y W V U B D T J Q
C L S J Q A N N C Z W U W V P R N G V F
C O G R L H W E U T I W N S S E G T P F
Q F E Z X T T X T F T I K U A C W M Y I
A P F C C N F Q X E A L N N D H B R E F
S L Ä F L E Y O X V R X N B G E F Q S P
D X N W N E G M X A R T B D L N X W U R
V Q G E W U V D W C I N D Y O M W C K E
E S N J S L Q E X D E R A R T I K E L D
K E I T D I H B R E S O X J F A A Y L N
Z P S I E R R E D R E D E D Z F Y J O N
```

SUIVANT	DÉFECTUEUX
LA FACE	LE RIZ
LA PRISON	GÉANT
L'ARTICLE	LE CRIME
SATISFAISANT	INTELLIGENT
LE SIFFLET	DONNER UN COUP DE PIED
CONTENIR	LA POUDRE

```
A T B M Q I I H T I N F Z W D G H U P A
L T P F P G L J N T T A U W K I H C G M
X S C W K I Q K C K P G F H G W I N D H
N E K C E D T N E N D J I P P I V Y L R
Z Q N W O L L E N E E W A K V I J P H B
F L U F Z Q S Z B U R B B C C E P U Q O
H G E S J H S K T C V Y E U U O E K Y Z
T L E W E I D K A G O S F B U I L I E O
V M C A U O Y J Y E G K Y W D L V L N O
G N C R I C Q I S G E A T O W R C U X V
Z R U G F O U W E H L L C Q Z K E U L W
D E R D I N O S A U R I E R C F M S M Z
W V A B W C C D A S P R O D U K T H A P
W V K D A R A U F H I N W E I S E N S D
S E Q U C T F G J B W L W J G I A R T E
T P I N E H E G E T N E R N I Z D X L S
F I V N O T E B P U G J A F T Q U N E P
K J E S J X Z A U M N E Z H C Ä K T S P
F Y O W D R G V L J A H I U W X U L S S
I V S N T D O K B S M C J F K S G I W P
```

LA MONTRE
LOIN
IMPAIR
LE MONDE
L'OISEAU
PARTIR À LA RETRAITE
GÉMIR

VOULOIR
POINTER
LE PRODUIT
DÉCOUVRIR
LE TREMBLEMENT DE TERRE
LE DINOSAURE
FRISÉ

O I D C O A V N F A C F I L F L P V O C
E D J Z D B G S I J V O L S O F O O S N
D C E H L N E K N A D E B H C I S S B L
I G N R L Z H F K T N D I E M E D I E N
E H P C S I N O J H R N J U L F H I W P
F Z O K J T E Z C U A D D V D K Z P E C
L Q H N B N E S G N N Y R D E M N Y X S
Ü T H F L O B R I I R S Z E T X E U E K
S R O V X F E L N E L S D G F D S Q Z E
S U Q A M Q D T Q H C U K J U P Y P K F
I R H G E E U D U J A L N J I W S V T D
G P V A E E O T B O S F C W R K L A Y E
K G T J G T C W G P G R P N U C X U D X
E I L T D N A T Y M O E Z R A W H C S C
I N Z G B V C P B Y P D V C T A Z W K R
T O A A J R S M I M I I F O R R S L F X
C E V W E P E V Q T G J W V F L O N V F
C Q H Q K M O I E G A R F E I D T T A W
W O L G M L W L T A J S X M Z L F A Z U
V Z M R L E B E N R E D Z R Q C A G X J

REMERCIER	**LE BROUILLARD**
COMPLET	**LA RIVIÈRE**
LA QUESTION	**LARGE**
LE LIQUIDE	**NOIR**
COURBÉE	**LES MÉDIA**
MALGRÉ	**LE CHEVAL**
L'ÉTOILE	**RAPIDE**

G Q B D A G B X R E J C L I C A H F S Y
I M N X L U T E M Y F I L Y Z Z I Z V H
N H V A S E I X F T V D M U J D X W K C
N N K U Y T G C L L U C E P K E W Z P S
I B P J S A X Ü G K C I E R Y U N Q V I
S Y O A D J S O L V B T X D G D Z Q E G
T X D Y A O N E T F V X P W L E O R Z R
H L B W F H K D N G R C L C T K R S U E
C I G W Z D D I E K D E O T E L N U E N
I A Y V R E D V M S H A D G Z Y G N C E
E M K K R K U S U D V C I Z Q Z X L N H
L A H O C N F A G A H E E Q S B C G H B
F K F E F H O D R S T M R U S A B M O J
H E P U N H J Y A G S Q E B E K K J A L
N T G Z D E Y L S E A B N O E I V K Z D
Y G V S E O G S A W Q P J I T S J I T O
T I S O F S X N D I S F J Z H W S B V L
C S M L E N J L A C P C E P O X H E I Q
G T B Y B D I E Z H V L A A K S M J R X
H Y B W C E X K Y T N G I K L O W R K N

AMÉLIORER	AGRÉABLE
L'AILE	ÉNERGIQUE
L'ODEUR	LA VIDÉO
LE FOUR	LE POIDS
IMPRUDENT	NUAGEUX
CHATOUILLER	L'ARGUMENT
EXPLOSER	L'ANIMAL

41

```
T M L J G L M N Q D Z N E L L A N K D V
G B C Q A I Ä L J H Y I X N F L J T I O
A F X E U C T K N E H C S E G S A D E M
L I B N H I U H H F K J P E V F N N S I
E T P S G Y B J C H B N Q J E L D P T N
S Y T T C O E F Y Ä Q L E H F E C Z R R
S E Q B U K I J V M M X D Y R Y J Q A N
Ü N G E G E A U Y G D P Y S S Z M M T E
L T H C I D E G S A D B C X S G E Y E R
H D I I J A U R V T Q H T S R B N X G E
C M W J Q I H Q V X L C M B Y S W T I I
S Q E T U N P C Y A B D Q H U Z X G E T
R Y B U L T B Q U Z N W Y X N Z N O F N
E H J G I N S C D C S H R X E E E C G E
D G L O Z V H O Q V L J S J U C R K Y M
N C Q U N K O I L S F A X R G F Z H W U
K O S J A H E M C I F U Q L Z P D U Ü G
X C L T N D I E K A M E R A P J U N G R
F N I B L A N A K R E D R H I D Z A J A
Q Z S F X X S Y M O X D X U E H O C H U
```

EXPLOSER	**LE CADEAU**
JEUNE	**REMUER**
LA CHAÎNE	**SE DISPUTER**
PUISSANT	**LA STRATÉGIE**
L'APPAREIL PHOTO	**LA CLÉ**
SUIVANT	**EN HAUT**
LE TUYAU D'ARROSAGE	**LE POÈME**

```
E L T F Y T C N U D W V T I I I S E U G
X O E P A Z A C E O F T A Q F N V H P F
E W E Y G Y L U R K K Z Y E F O J A V D
D O A P A K F I V N C L E Z V B E T J D
U D I E B I L D U N G E E I M W R P D W
L T T M L S E L T E N C L Q D U G P E P
T E A F I P N S H D E R S P I E L E R C
I A S O V S M E T R B M K G E D K J D U
S T S Z E O C X H L K W B A M A O A I S
Q Y W I N B G H Y E F G Q Z I J Z D A R
H L F O F Ü O Y E K I Z U V T O S U M N
T T K M V M T F D N A Z W K T V H J A A
E T W F N M U Z D U K E S E E F Q B N N
T X R D B G E K L D H Y T U I X T G T T
W O A U Z G L Q H I N H E P A F C O U O
C V N H W Q W Q G Z C R O E M B E Q J B
M O O Z D E R F L U G H A F E N Q L R I
O U A L B K I X R S L Y F S X M I O N N
A W X H E P Y F T K K P L G T M D T A X
R Y O L I D A S B E I S P I E L E W R M
```

L'ÉDUCATION	UTILE
LE DIAMANT	L'EXEMPLE
RARE	SE DÉSHABILLER
BLEU	LÉCHER
LE MILIEU	LE JOUEUR
DOUTER	L'AÉROPORT
MÉLANGER	SOMBRE

```
F Q T T P W T G O K Q M N H G P A I A K
E T O N E I D W L U D K Q A F Y E P H U
T L C D R R A N G I S E D S A D Q I C V
Y S L W E P T I N E G I T S E F E B U K
S V M T T S S A Y K N U U Z P H F K J X
T O N N A M E H E R E D T Q P G S G S A
B U A X I D I J D M Y V P M R K J F D U
Z L A S S A D P Q Y N R X B I S P H H P
E B A G F U A S U A H E I D V Z K U T Y
A Q Y F K U G O I H K S B P A Y L J W N
D N D G H L N A K R E R S E T Z E N F E
H I I P D P O N I Q X L F I G R I O N X
L X E F U I P H P Z E R T O E Z G S A M
O T B N R F E C L B E G E I L F E I D Q
P T R I J Y S S A Q H L H Y Ä Z Y Q Q O
V H Ü Q T W D K C O C V W S N H H X S G
Y F C D R J S E Z H Y C U V D L V V G V
C M K Z I A K Q W E E C J G E C N H V N
M U E O D F K B Q H S R W V Q X I H Q S
N Q T I J W X O M K C A E A E B V G O Q
```

PRIVÉ   **DESSOUS**
LA NOTE   **REMPLACER**
LA VILLE   **LA MOUCHE**
ATTACHER   **LE MARI**
LE SEL   **LES CISEAUX**
LE PONT   **LE CABLE**
LA CONCEPTION   **LES DEVOIRS**

```
G R M L W Q N I D N U E R F E I D F G X
M A M O H C R U D C E A T B Y R G Z U S
J C S Q K U A V Y Q L I N V D I L F C L
Y U O A S Z E S L V Y L E T B W R F E K
O Z S N F I B P G H V I M A F G S M D C
G T K L Y O I C N L S H O P Q M U H V W
K E M C P J E X U F Y P M I Z K X S P N
A S M A R I Z V T Q K X R F A A U L O E
C E P V N N H O R R R S E O M X O R T T
S G R J E M N I O N D L D D A A G C L S
P S H B I L Y T W E U I O G I Z T I W I
E A Z W E O S S T R L A Z L W C K S O E
R D L P H H L H N Ö X V K K T F S H H L
F K T R C B W G A H Z Q N G S S E A B H
E R M Q R L X Q R E S E D F R R H S P C
K G H P I I Z J E G S L Y H R J Ü J H I
T X Ü F K L U X V S S Z L L A Z B Z E S
V N R V E V E S E U V Z I E Q H S D S Y
G E E M I J A O I P B C V O R S C S A G
E N B P D K I F D B H G O A V J H V N O
```

L'ÉGLISE   MAGNIFIQUE
CÉLÈBRE   JOLI
LE MOMENT   LA PETITE AMIE
APPARTENIR   PARFAIT
LA RESPONSABILITÉ   À TRAVERS
LA LOI   MANGER
SE PERMETTRE   SPIRITUEL

E E K R A M F E I R B E I D V V G P E L
W C Y V T X E F O D P Ö F F N E N F I G
K H J B E B Z Q K A X U D Y F O R A G Z
A N S P R U C H S V O L L D L G M O O N
Q V T A R I W D I W W O I I H R M F L G
D N N G F Z A R J Y P E T E V H D S O T
K I R Z E K Z M D R S T P F H K I X N H
T C E D I E T A S C H E G L K H G I H C
R H X U E F M E H D O H Z A M I Y R C G
E F R D M V K L C M B Y X G B C R G E Z
S P D O V G A A N Y Y V U G D K R N T U
S Y K V D N E W U E Y T S E P O X D E Y
E Z C Z G I I B R B N V O O ß W W W I W
D S R E N G E P U C M Z R A N Z L L D U
S H A R S K R S L N I R R J M W M H R M
A L L N I P E Y T Q G T I I R Q N O N S
D A O Ü F D E K O R I E R E N W Q J F I
Z Y B W Y T Y M V G A Z Q Q W F F V L C
L E T M W D G G I T E ß Z H D Q X C Z G
R Y U M Z R U V W O C V E K D Z Q I M S

LE CACHET

LA ROUTE

OUVRIR

LA TECHNOLOGIE

DOUX

LA POCHE

SOPHISTIQUÉ

LE DRAPEAU

SUPER

SUR

L'ENVIRONNEMENT

LE DESSERT

LE SERPENT

DÉCORER

```
U H J K G O H Q D V H N H I C W Q N E K
T N D I E P O S I T I O N W J F Z V O J
G M N R F K O L H H S H E C A T F B G L
J T M S K Q C H I C G C B O R Y G N L C
Q J Z D T W K C J S D D H A X I H E K E
P B A J Z P D X A I C G G I P W F A R K
F S V E R R Ü C K T R E O B M F Q J A E
P O D I S F N I D A N U D G Ö M F L Q X
U X G H W J Q N A M D J Z L D B L N U X
P T H H S R U A R O X K R S Q R G I Z J
P M X G S H E T S T O E A E E C I E G I
L X C G R R W T M U D G E G B W Z I F B
A D L E P Q D Q T A S N S U R J T M P N
C T D Q I T J A Q E U N W V Z J O O M U
U W E P M U P E I D W N E M H Ä Z R I G
Z C N A L K F T R E W S N E B E I L J Y
F G F L A A E Q S G J S A O T L Z T I S
B W O E I T R B E O S S C D X S L V W K
F W O L I L X P I H L V L A R A F C G J
B L E M G T A Q T X O V D M N K Y G X U
```

ADORABLE	LE CHIEN
LA CUILLÈRE	VIOLET
PROFOND	LA MÉTÉO
MOISI	FOU
LA POMPE	DEPUIS
AUTOMATIQUE	APPRIVOISER
PORTER	LA POSITION

```
R V O B H Z P D A V T S K B E N V V K Q
B Q G M J V S Q T F G C P Z G S B H H H
K G F E R E Q S L G J C Y N I P J Z C K
B H Y T P F M O Z S A A A A K H R Q M A X
J E R L X I Z A F M X H G N C I V X F D
P K T D A S H A A R R I H O S N G J N L
G J U R G U A V F O F B D L U G M N I V
U I X S E P V D V K Q Z Z V A E I C E D
O K L G B T P R N G K I C K L N M G A P
S L V L Z W E I D E U T I G F F X E O R
O E A G U D G N O N O M S J Y G Q M K O
R K G N U R A B N I E R E V E I D Q N S
Y N P V S T H H T D I N C F D H R N U Q
K I Z W A O M C C J G I L G Y B P R Q J
Q W A N L V I L S D G V Q M Y H I A D G
Y R Z B I U A X W Y O J K J W V T Q Y E
D E R R E G E N E H H T N J S A F C I C
N D L Y Z H J S I Y G R V A K P X L V O
B B R Z A P T S S A W A D U X I Q A Q W
B U N C V I F N E F Q S T B J Q E Y T P
```

EXCENTRIQUE	**L'ACCORD**
LA PLUIE	**DANSER**
LES CHEVEUX	**LE RIDEAU**
ENTRER	**AMBIGUË**
SAGE	**SAUTER**
L'ANGLE	**LE VIRUS**
FACILE	**DUVETEUX**

```
C M E H F J N D E R R Ü C K E N Z N L V
N Y I A V E A H N R W I T V B K I I G C
R H C O Z F A J M A G Y T P C M F C M W
J I X Q S J O J R O Q K T A H U V H F D
D X N W W X A T Y D G O M W N F H T U U
A H M N I Y M M L I E N E K C A P M G I
B Z R B E N V E P E N K Y H H X R Ö N S
S D T A R N X B F E E C V R N L V G P R
A H J V O I U A O R H G P Y A H T E B N
D Y O B W Y Q W B F M F U G I C Y N P Y
I V G D L Y Q E R I I H I X J S W Q N K
I G D A A Q I K L N G C M S F I M X D O
P Y G B D T F B W D E R Z U G M W Z Y N
V M N U R W S J Z U N H C A C O Z E Q G
A R X E H Y K O N N Z P B D Y K I X U Q
K E T N Y R I K I G N T K W D R R V K Q
N E D A H C S F R K R F Z R P U S Q W V
N K T L A T L A D G E H G D K C I H C S
A N G X Z Z L Z E T I E R B L Y K Z V K
J X K L P I E Q T G E P C Z T X M M P X
```

LE BAIN	**L'ARRIÈRE**
HILARANT	**FANTAISIE**
BLESSER	**NE PAS AIMER**
FAIRE SES VALISES	**LE TRAIN**
APPROUVER	**GRAISSE**
L'INVENTION	**LARGE**
À L'INTÉRIEUR	**JOINDRE**

```
Q J U F E G L Y Z G E T P H S S K M J C
K J D S P U B L I I R X V T X O F O D V
S X F R C E I Z W C X E T S E W E I D V
D I E S U P P E C T F Ä H C S E G S A D
S S T T A U L D X Q I O C E R I W N K V
G E I L D L A H T P B R Q T V B B K C E
M T E V F S R G A V A Z K S T L M V G Q
A C H Y K E Z K G Z N U M I K I K F H D
N K R L U E Y T Y M F T S S N C J O X E
J U E M K W U F X O F Z V L T H W F U R
P I H W Y L Y L B N I Q Y B E R Y F U M
D E C W M L W P R I O D Z F B I Ö J E U
I L I L L Y I N J Q V A Z D E E H M D N
E C S Y N N E R E I H A R T B U S E E D
B O E X M O Z E G Z I I I Q Z F G T N N
L I I J H Z J B G N U N I E M E I D F J
A T D G T Y C F L Z D J V D I E S O D A
S O M W Q X O N Y W O L U Q P C R R X F
E H K E K R Ä T S T U A L E I D F G V M
S B O J X G Y D S T W S T F O M Y X O L
```

LE MAGASIN	LA SÉCURITÉ
SOUSTRAIRE	LE VOLUME
EMPRUNTER	LA ROBE
VERSER	LA BOISSON GAZÉIFIÉE
FEMME	LA BULLE
LA SOUPE	LA BOUCHE
LE GILET	L'OPINION

```
L B U S I U X Y P J E F G O J H U Q G B
B Q U W N E T S E B M A A A N A U O T U
Q O D S Q A H R D L O H Q T A N R M M J
G M Q O B E X Z E L L E N T F L V D X N
H F B K M K T H S N E R E I R A P E R X
Y Z N Y U K I T G E M F H C G P Y W T P
H B G T I E X G V I X U E S K I E W Y L
A K X Y A X S X I R U T A E R K E I D P
L C O W Z Z D Ä V A Y N D I Z V M O P W
J P N N Ü D L X K M S N C G M K G D S P
B G M Z M O B H D R Z A E G N C L Y Z M
W Z R Z O B U L V C E A I T L I Q V B D
K S G K G L I E T S A D M K R X R U H V
W Z J E F C Z U B D A B U D D O H R R H
V O R S T E L L E N S N X L U W W R E F
N F V E R L A U B E N A R E V V R T S D
O K Y T H Z S W I E U I U D O Q H R N H
F W V W N E S S A L S O L B P U J G R A
R E N F Y J B X S R V M V K E A N S A N
X Z V R R E M M U N E I D Y F R V S P P
```

LE NOMBRE	**IMAGINER**
LE FROMAGE	**FRAGILE**
EXCELLENT	**LIBÉRER**
LA CRÉATURE	**RÉPONDRE**
LA PARTIE	**AUTORISER**
L'ANNEAU	**MEILLEUR**
RÉPARER	**SOIGNÉ**

```
X B H I C W W L R Q C L J Y B P P G Y V
S Q J E S L L L Q J H A Y G K N C E F G
J T N E H C O N K R E D I V A R Y M Q K
R W P S M F A G E Q S N L F Z N V K N R
S N P D Y B B P Q V T O V I G Y Q B M A
Z E P A D V I N J J A V Y I J E A E I P
F H D S O J S J S R N L A S G J W O C R
Z C V F G N N Z S Y T M D E Q V D O V E
C S E O U H E R B G D O T V K I R D E I
W Ä R T E T S H R Ü T E I D W W C K D T
G W R O Z I N T O M S Z D A S O B S T R
I R A M G E I K X N M C X T R C Q I P E
F E T H U H R Y Q C G C H R S V V B U D
G T I J L D G F G J J E F M X C L B I K
Y N G Y F N D E R S A M E N U P U R G F
Z U E Z S I R Q B U F J Y B T T L H F Q
R E I L A K R A B Q S M T O I X Z X Y W
C I D T D E G N U T H C I R N I P I I R
A D J R W I X P S C W K B S B E J B G M
X Z W H V D P D P T B P J E Z T L G K X
```

LA GRAINE	**VERS**
LA GUITARE	**LA PORTE**
L'AVION	**SALE**
SERRÉ	**LA PHOTO**
LE ZOO	**LE SOUS-VETEMENT**
LE FRUIT	**SOURIRE**
L'OS	**L'ENFANCE**

52

```
S Q E G H J N X X E Y N L E P O P Z F A
S K V D Z I R J F S B H P Y A Z X E M P
I S X E Ü H V B L Z U G S D X C M S E E
E A D R Y M L T H B N D A S H U H N B S
W U E K T Q E A E O E Q F Y L Y B X Y H
M E R U V W C R S X B V Q M K H H T V J
O R O N D W S V T F R I V S H B H O L Y
F V N D O Z E R B R E C H L I C H V I V
D N K E K S A P M V D C N P Z R N Q V L
I K E R Y Q V L F R R C N A W T P X W N
V V L F X N H J N J E T H A Q R W N E E
Z X P R A Y Z C C J V L L D H N P F S S
Y U V V O D J B M C R Z T L Y C A E P F
P E W A Z U D H N E P T K U T R E R I Y
Y Z N Q E X H H I N K D P F T E Ü I M V
A Z O M F J B C N G B H Z S Q H C Z D O
L B B B D R H R U Y R V E Z E R S G B X
Y J H N M B R Z C Y Q B W N X W J O Y F
D D R E L L E T S T F I R H C S R E D I
K O V Z Z Y S F O X H U E T S H C Ö H V
```

AIGRE	**NOMBREUX**
VAPORISER	**LA CHANCE**
GÂCHER	**FRAGILE**
BLANC	**L'ONCLE**
LE POULET	**PUNIR**
FATIGUÉ	**SUPRÊME**
L'ÉCRIVAIN	**LE CONSOMMATEUR**

```
M U A R R E D A X O F Z D R R H P Z U Q
Z S L R N E G Ü R T E B D P C F Y U X B
L L L Q O I G C D Y X Y L I J C M K S J
K G E T K J D R U N W Z V M E Y L X C Q
T G I D F Z T S I H W P T L V H T N Z I
T N Z I R L J Q A R F L I A P S Ö T M M
G E E E O L E I L I M A F E I D B H J U
Z H P R I O J S M P N T R S T A I B L O
R C S A O V S R T S F W U J O J S K E E
D I N T N S P L I X G T F J J Y V H F X
Z E D T Z K O E S Ü M E G S A D V C H I
O Z H E R C X A H V B R E K O A S S Z V
O B C N O U E K R Q U R X U T J C I W S
I A S C Y R P R M P Ü R D Z S A R F C N
F S I X Y D U D N E W B X A O D X R H C
E A R O P N T C I D F M E W S M M E Z U
I D R X O I M K G C K A S R P E D D P Z
G B Ü A J E L U X H Z N C V F Z I A T K
E A M L B L H W V E E F S B K D Q R U G
K P H J T G Q B B M Y W O I Q V N X C Y
```

LE RAT
TRICHER
LE POISSON
GÉNIAL
LA FAMILLE
L'ŒUF
L'ESPACE

LA CAVE
LE LÉGUME
SPÉCIAL
L'INSIGNE
GRINCHEUX
LÂCHE
VIA

54

```
S O W L Z M D B S Y U A H S C G E O Y D
J G S W K T J L F P M J V K N N U S C I
Y J H A M U T S E T H C U E F W M F J E
S A L I B O K R Z J U Q H S Z F W T N A
A T D X F M D I E T R A D I T I O N B K
X C R E K E ß Ö R G E I D O C X Q M G T
K Y A A V V Q I V X E X C E J L W V B I
H W Q X R Y S L L B E N V A R P G O X V
F C P N M R G Q E O Z W Q B S T J C O I
G I I W K Z K E O M O A N C T M I P P T
H O H L Y Q R R E T N U R Y M B U S F Ä
E C S R S D F Y R N X K H Y J K K G C T
J S I P I S N F D I E S T A D T K R R H
X V V G C C Ä T Q Z G B O O Q O W E U R
I Z U H B M J H D E R B E S I T Z E R K
S N D T N E Z L E M H C S W C S T F L K
G W O H T Q N Q J B V Q N L C C W G G R
N Y Z H L D D U K R C E P U M R A M P V
Q O P X D I E S I T U A T I O N W R Z I
G Q B H E B I R A R G D E U J E U N F E
```

LA TABLE	**LE PROPRIÉTAIRE**
LA TRADITION	**L'ACTIVITÉ**
FONDRE	**BAS**
HUMIDE	**LA TAILLE**
LA VILLE	**LAID**
LES FUNÉRAILLES	**LA SITUATION**
FROID	**TYPE**

```
U M F Z Y X T N T N M E P R I Z V I C D
L P I C I T R K I U H O W F K N Z F O I
P O R E E I B C E D J R N N P P Y F R E
N P G B N A H F I F I G C Z C R F S U K
D Y S K L T L K O O N C T C H F D N G Ü
V A E T W P G K G N W H V U X S D T S S
D T T I E O W J O D U D A C N M A Z U T
I F E S E S J U F H T E V B X P S U R E
O A L U S T I G O G O H R Q J I A U T S
O H A H B E Q M G U Q L D H D L B A D O
N L V R W N X L O R S E I C Q X E L V E
N E Q C P Q F G Y V R L I K L R N D F S
I B U A A R Q R N K D I C T E Q D T S Z
N A W A A S O E A J D A S Ö L R E D Z L
F F M H H Q F M C L L S W C E B S D L Z
I O C R K C P I Q K U I D J B H S B U B
X S E W M F S S J N J V L Z X Y E G S Y
K U E N H S H K I Z Y A Y V W X N S V S
W W L Z A B Z M T R N P V C Z T Q G X I
D I A J O R X F K L T H C A N E I D G G
```

LA CÔTE

POSTER

DRÔLE

CONTRAIREMENT À

ÉPICÉ

LE DÎNER

MERVEILLEUX

MOINS

ALCOOLIQUE

L'HUILE

REGARDER

LA BATAILLE

LA NUIT

LE LIT

```
W W F O V K T S Z J H D I P A F H I R D
G A I C I O A L W B V S Y K F M D G W Y
T C H A Z N M R R T E T G N I S V V N Z
G K N E Z T A R K G W B B A E S S F F P
G E G Y B S B O T R K E Z A R V Z A R H
A L Q P V P B Ä E F Z A U S P A C K E N
O I N F C P G T Y X F D I N M B A P L P
S G X C Y L N U I N O I H I I K F B L U
T W T P I I R T E K H E X D E T Y Z E T
Y F U C H F B X S I N E R A R G T H K L
O E H G L Q I G W Y Y H H E S N K D R D
D Q F E C Q Z D S O D E T N T A K E E N
N U S X R H U M P N B I T B X L U R D W
Q F N R Z B F S I U E E U V G T F H M U
K A K D R E H E N L R Q F W Z N L A R E
T X O X X C V D E J E U B H C E M F L R
J D P Y Q S S I E R P R E D O T Z E H L
J X Y U L Q D Z C R E B R C E Q Z N U Y
F K A T S A P N H A Z E I D A K I X R P
M B E U I P W E F I E V T Z D B I Z W R
```

MÛR	**DÉBALLER**
TOURNER	**LE PRIX**
LE DENTIFRICE	**LA CAVE**
DERRIÈRE	**LE PORT**
LE LONG DE	**PRÉCAIRE**
GRATTER	**QUOTIDIEN**
L'ÉCHELLE	**LE MARIAGE**

```
Y D N N P P F D E X W V E Q K F E T J V
R P K Z I H D A W B C W F W L B W F O U
I A H J O I R S Q A G D S L V G B I G J
T D B C D H S V D B T C N C P W J R Y C
V G B G W P B I N P H P D E T R N H E O
H R P K Ü K J E Q E O C A H C P A C P D
R S N D B F K R D Y I T S G C N K S P R
H G S G X C R T Z M O E D N W M L T U K
X N Z A Ü H R E E I X P R J U N U I R X
M U S R A W A L V S B E E H P W V E G I
A D D C W X U F D E N T I N C K R Z E A
D I F X I T U J Y S Y V E G E S E E I X
I E Y B V L T O Y M E Z C H E I D I D Q
A L T A W Y M C U W J F K C F S Q D N O
S K K C H D D V M I S S B I L L I G E N
X E Y X Z N B L U A Z I J Q A S W U E K
L I N E R E I R T N E Z N O K O T V D P
I D H O U D G H Y P C P G B F F O B E I
C D E R F E H L S C H L A G N R H F N P
J D B I P W G L D G U C I I A T H O K O
```

DÉSAPPROUVER

L'ÉCHEC

LE TRIANGLE

LES VETEMENTS

LE SOUHAIT

LE MAGAZINE

LE GROUPE

PRESSER

SE CONCENTRER

AVANT

LE VOLCAN

LE QUARTIER

CRIER

DISPONIBLE

```
B G J Z R D O P W O I E K O K V M M T G
B U H I R Y A U I K H B Y K P Y W X O B
G I T O N B O D C K Q C Y O S X C Z E W
E M T U N H S H D I H C I L N N Ä M U L
T L N U E M D L R K U P U F D D D P J D
S T Z Z T U O S S P A B E O E L D T U D
R O V R R T J T S T T N M R A I T S N V
Ü B R N O H N F W E S E W T N L R U M A
B D K I W A K X I W U I Q L V H E E K E
N A C J T P A V Q T N A A M E R E P T Z
H C P J N D F R S D C H W I F K E U N T
A H D Q A R G N U D N I B R E V E I D A
Z L E F W E Q R T D D I E H Ö H E N Y K
E O R F E B G Z U H L D V Q J E N N D E
I S F R B G N U T H C I R E I D Z H N I
D B A X L P N Z E G Y U W N J P P H P D
V G H U I H L I M J C A F Y J H R W L D
Y F R L S T F I T S R E D X V F V D K Z
X N E R H Ü F F U A Y F A Y N Z W T T Y
K D R K L T N A N D H Y H F O Q T L X Z
```

LA CONNEXION	**LE VENT**
HOMME	**LA DIRECTION**
EFFECTUER	**RÉPONDRE**
LA BROSSE À DENTS	**LA HAUTEUR**
SAUVAGE	**SANS-ABRI**
LE STYLO	**LE CHAT**
L'AMI	**LE CONDUCTEUR**

O	D	A	S	H	A	U	S	N	R	L	R	A	G	W	F	N	Q	X	O
X	O	D	H	W	D	P	Q	W	F	P	N	P	N	L	H	E	H	C	M
C	X	V	N	Y	Y	Y	Y	C	N	J	Z	E	I	E	M	R	M	N	E
L	I	A	A	K	H	E	W	J	N	I	U	E	T	G	H	F	C	Q	P
H	N	G	O	C	X	M	E	D	S	Z	H	I	J	I	D	Ü	F	O	D
D	W	E	V	Z	D	Q	D	R	Y	E	N	Y	M	N	E	Z	L	J	I
V	A	L	Q	Y	J	H	A	U	N	A	Q	N	Y	M	Q	R	Q	G	V
E	I	S	T	J	S	S	H	E	N	V	E	T	N	H	J	H	C	E	E
R	Z	G	L	H	D	C	L	A	I	S	A	D	G	L	L	J	N	C	F
D	Z	T	Z	Ä	X	R	I	E	Q	O	G	A	M	E	R	S	G	S	S
I	S	Z	K	D	C	M	E	S	S	E	N	L	P	D	N	S	N	Q	A
E	I	L	E	N	P	H	D	P	G	B	G	N	B	N	I	E	U	C	F
N	T	I	H	A	S	Z	E	I	F	T	P	I	G	A	N	O	R	Q	Z
E	O	Y	E	G	H	L	C	L	P	D	L	E	U	H	I	E	H	R	D
N	V	X	O	W	G	U	O	S	N	I	Y	E	U	E	G	F	Ä	Y	M
K	O	K	M	Q	E	R	Z	D	M	N	J	P	Z	B	O	M	W	J	O
P	T	K	E	E	S	T	U	X	V	P	B	Z	O	S	U	G	E	Z	S
R	H	O	I	U	B	C	C	D	N	G	B	N	D	B	A	M	I	H	X
S	S	C	A	B	Q	G	P	Y	R	W	V	B	I	B	W	D	D	I	T
K	P	J	C	C	U	Y	Q	T	O	C	X	W	Z	M	W	S	C	V	R

BRILLER	**INVITER**
AVANCER D'UN PAS	**MESURER**
SE PRÉCIPITER	**LA CHANSON**
LA TENTE	**TRAITER**
LE SOURIRE	**LA MAISON**
MÉRITER	**LA DEVISE**
POUR ÉCHAPPER À	**VAGUE**

60

```
F S K S R W E M D Z U F L G X O U X V E
N T W A B L K F O E J O C J E W D S R B
J L U U V D E X D V C O F C L H W O U Q
N M N H H B G O B Z F Q N Z Z Y S L J X
H W D U B D Q F P E Q A Y A H N C O B S
C Y C H L W U B P U M T D I V B W L V G
I Q W C D D G B I R D E I E B H R P E B
E S S S Y F Z R O M Z O R G W S E L M D
R U D R N C C F Y Q Z Y N K T G M I E E
S J I E J N R M L P W Y E R E W F V ß R
I D A D R E T A S X H G R M Q N T D E B
N B S K P T S K U U X Q Ä J B E S N F E
T W N E T B E E E G E X L G V X F P Y N
N N I R L N S L Z E U A K W L M K J D U
N D F Y N I R L L L S U R M V V A W B T
E N U Y H T O O A E T R E W S I E R P Z
K Z Q D G P V S G S R L Q D P J X N B E
I R U T X E T E I D J G E B Ä U D E P R
P A U S I E R E N B P P A S E D G Z T H
Y V Q U B M E W T J K O Q C P X J C U H
```

ARRÊTER, METTRE EN PAUSE	**LA CHAUSSURE**
L'UTILISATEUR	**LA TEXTURE**
PEU COÛTEUX	**CHAUD**
LE BÂTIMENT	**REMARQUER**
BIEN INFORMÉ	**EXPLIQUER**
LA PLAQUE	**IMPECCABLE**
DOULOUREUX	**LA PERFORMANCE**

```
X U C F D G A C A K F N W U U N Z W K N
J I T V I Y I M A K D S E Y M M Ü O E M
F Z K I E I N V O M Z J W P A Q T R G X
D I Z R R X M D E O M O W F E L O Y G Q
A X Q E E G H T U Z X J P R Z A V I E F
M T L T L Q Q V T U W S W B Q M M X K Q
R Z O T I T A X A O T O Z T I E O F I F
X D G U G K Z L H A A E M E L H R Q V Y
C E S B I H I L Q H H S M K L T U T M Y
M R C E O N J S C K T I D C I S T Y B P
W S D I N L D J F Z H E P I E A V E N M
Z T M D A E X I Y R R U B T X D N P R N
X U D B M H R Q E G G Q L P S D X W U E M
M D V I A C M K E B N X A S P L G V F
H E T J L Ä A W V E A W E D T D A F N P
Ü N B M V L I L Y K R D K H T J C P L X
B T W S W N S K F B V V E U N D D M X U
S R E X N C O A B B V Q J L X O O X R X
C P I E V W U O A ß E R H A L B P E L
H Y R K M C A D E R E R F O L G Z H E D
```

L'AIGUILLE	LE GAGNANT
L'ÉTUDIANT	BON
VERT	LE BEURRE
AVEC	LE SUJET
LA RELIGION	CHASSER
LE BILLET	SOURIR
LE SUCCÈS	AU-DELÀ

62

```
A P L D I E G E S C H I C H T E Q E M O
S N S G A L X D M Q M J X Z F L R A G D
O E O M K Q F J I E A M B K Y K Y K S E
R S X E V M C Y L E Q W Q U J M Q X K R
I S E F M E G B M X L W S E Y N D D G K
X A Q B T K O B H N O I Y J U H M O N R
Q F L I J R R Z V Y T O N Z W I Q R A E
I Q Z X P K B W O S E T S I D Y E N V I
F F J S Y M Z M N F Q G C I E D T L J S
B Z A O P A B E F B A O E N O E F N H I
U D Q G P Y P A O J Y G O M C V I I T E
R Y Q L M S W Y L V R K G J E W G K D D
Y B Y G E E N E N E U Y X F D U Q M N F
J Y C G I C G N N E H C S T A L K W K N
D F S D D B I Z X V U T A P P I F B C I
A A C H D I E H I T Z E Q G P X R F Q K
D Y H P F I E W H C S R E D K Z G I Z I
K O X B L P J Y C I E Z I L O P E I D L
C S B D M G D K G G M P Z B I S I X J S
E X U O C C B Z F A F X T T O C G B S R
```

ATTRAPER	**MODERNE**
APPLAUDIR	**LE FANTÔME**
ROSE	**L'HISTOIRE**
LE PISTOLET	**LA QUEUE**
LE CERCLE	**LA POLICE**
LE PROBLÈME	**LA FRONTIÈRE**
LA CHALEUR	**LA LIGNE**

R C D E Q D I E H E I L U N G W R I B D
D Q Z A Y C B M Z Q H I Y N J Z N K O I
B Y X Z E V Y K N A Z B Q Z T O A E I E
U U D N A Q W D E R W E T T B E W E R B
D V M U N D G E R E C H T T M S R G L L
E O I K J U Z K M N Z R S O O S R E S U
R T I I E Q X M S A W N P D J B Z L Z M
K D G X S Ü S S L D U K D K E G E P L E
Ü V E N L I C U F K B A K H X P V B I A
H Y I R I A W L E R H D W Q Q U T R Y K
L P A A K W S I W W Ü Y J Z R C W E B C
S H E Y Y L D I V X M H Y A G K L W I J
C J D S I B A N G L Ü C K L I C H M V J
H Z U O L I A N A G B K K Q O C X O G O
R A H R S S D O G K Y C X G K B F E M R
A O N I S Q R R S Z Y R O R R W N X L P
N W Z Y Z F Q T A C I X S A N K G A F L
K L Q E X K F J M K L R F Q X P S B I R
H P C R R A I B M F K N M O X K U Z T N
R E R H Ü F S T F Ä H C S E G R E D A I

DEPUIS	**LE DIRECTEUR**
LA FLEUR	**TÔT**
LA COMPÉTITION	**HUMIDE**
DE LA TAILLE D'UNE BOUCHEE	**DOUX**
L'ART	**LE RÉFRIGÉRATEUR**
LE SON	**SOUS**
CHANCEUX	**LE TRAITEMENT**

64

```
W M L T I J G H I I H N S W M Y R Q C D
W A L X N T J F T V N F L U U Q G Y B I
E V C E E U P V W N A Q X H A X Y O R E
G Y Q T L D E R P F A N N K U C H E N R
D V M N L R J F B Y G Q X R F V V C Y E
E O W O E H E V D L E T H Y W Y M G W G
R J E K T M R K T K M Q Q L P S H N E I
B K K R S Q K U E C E ß A R T S E I D E
O D A E U H G I D L U H C S N U J D O R
D H P D Z N C A R Y Z T Y I H K G Y R U
E X V I T A Z U I L L I E Y G C N O J N
N F L R S S I G E K H B H D Z I W P J G
E T J N E Q J L Z S S D L M N R X E F R
U E M Q F U F H Y A B C G U Z T C D O W
M P V K M M X G D B N E K N U R T E B D
W U O V U A I J R F O I Y H G E N Q O U
V S O D H R D I E S E I T E D D B Q Q I
S N Q G C M T E N E H C S A W N E M Q F
G Y J S Z E A R H D E T A I L L I E R T
P B W S Z N Y A R J B S R Z U P D H D G
```

L'ASTUCE   LAVER

LA JAMBE   LA RUE

LA CRÊPE   CALINER

LE PLANCHER   IVRE

INNOCENT   RÉALISER

LE CONTEXTE   LE CÔTÉ

LE GOUVERNEMENT   DÉTAILLÉ

```
Z C Y K A I F M T E D E L Q N W W A A L
S I B X E H J J L W B D D J N V Z N Q S
C D A D I E L Ö S U N G A U A B J E M B
H I B E V V D M B R F K S O M A G G D D
A E S R Y S G J A Y P D W T R U Y N D D
O S A U E P Q W M F C D O H E D D I Z E
T T D N W P R I I S T F R P M L T W M R
I E S T C X Q R B R H U T W M L N Z E S
S U B E G T P S W D X J J K I O S N Q T
C E P R P R W W G G W L N U Z I H I R A
H R Y S D E K J W E M P Q O R C O N H N
N R G C R I G K S S D W J M E L C U I D
M R C H W T E M X U M D P R D D J P K O
M B B I W C M P N N T Q R E T R I A Y R
N Q P E O R O O R D O E X T N O P L O T
H Q S D S F N B J Ü D J U C M E P G U H
S C H W I M M E N U F Y Y N T F U S D V
H N E J S I R Q R G K U P E A G Q Y V W
V U P D H K P F H W G K N F X K U A H J
W W P U C F D J T Q V V S G R G Z P M C
```

NOUVEAU
NAGER
LA CALCULATRICE
LA SOLUTION
LE BÉBÉ
FORCER
LE MOT

LA TAXE
L'EXAMEN
EN BONNE SANTÉ
DÉSORDONNÉ
LA DIFFÉRENCE
L'EMPLACEMENT
LE CHARPENTIER

P G X Y H N O T Z V R L S I W Z S T F A
D P B Q W X P G J U K B Y G N G Z N P V
L X O K F R O A Q Z A N E G E P T O O I
T R E U E F S A D R T D W J S H G W T W
Q F D Z R F R G E C S N R G S E U T R Z
K G N Q F K B G D E N U M U A I W T E M
D A W K I U U E Q I P R R P L G O Q D E
B U P Q M L M A E M Q G Q O N R H H Y J
P P X G Ä D J D C K Y R M A E E C Ö Q D
O E C R K A L O H G P E O S L N S L T K
X N Y S N I I D Y Z U D U P L E I Z D C
L V F G C C Z E V O C N C H A E N E Z A
M J U H H R X R N B G Z Q P F I I R D S
K N U Y X E V S T W C T Z O Z D Z N K R
R G Z O K N T C D I E K Ö N I G I N S E
U Y Y F G A W H N W G U A M Y J D W W D
D T N H I Y D N A T R Y M M X H E S F H
Q E L Y T A Z E F X C B A N A L M G E M
P W N D W L Y E X X B D L J S D Y A V Y
L Q U T V U X W X G G I F R Z M H H D H

RÉGULIER	LE SAC
ROUGE	LAISSER TOMBER
BANAL	LE POT
LA NEIGE	LA RAISON
LA REINE	EN BOIS
LE FEU	MIGNON
MÉDICAL	L'ÉNERGIE

67

```
I R D A E C U H L H C F K X T U Q P H B
D K K O J A U X A G K L H M T E T T C E
E R A G I N E W F O N D B N A H E E S S
R O J K M B K X G M E M R M S P W H I C
L J E F Z K D H J R H Y W J S D C C T H
A A H H Z Y E F M T A M Z W U Q I S K R
S D A D U D B A W T R A H O L Z Q A A E
T W P F H G N N S Y I E P R H F Q T R I
W S P N N T E F G R R C N R C M J E P B
A V O J E C N V Z X V M S L S U Q I K E
G P Z L U Y M K O I B D A M R K N D O N
E W N E R S K J Z C S H M H E D L Y W E
N P Y Z O E P T O I C O M D V L E F H J
I U G H P N S W Z S Z X D S ß X S A Z Z
W I P F D U L S R G I I Q H I M H D O O
Q Y K Y L G D E E E G V T I E F C Y B M
M L I F R E D S V M U E T F R T E G Y P
I Z W J D S Y R Q Q S Q Q E R W W E N R
R S L A H R E D N L K A Q R E X V K K D
I V B F N F D P Y S O Q D P D E T E E T
```

L'ÉCHARPE	PRÈS
LE FILM	DIFFICILE
LE MANTEAU	LE SAC
LE COUTEAU	LE COU
LE CAMION	PETIT
LA FERMETURE ÉCLAIR	CHANGER
DÉCRIRE	PRATIQUE

M L C D R T F N E X H A I Y P S E Z C K
F F Y E N E K C Ü R D P D Z G T Y V J H
V B V X I S B T F N A D I E S U M M E A
H Y L C G N V V Q K J F Z R Q L Q P U M
C T U I I K P W Z N K U L Q D B R R J A
I A F P E N O A K N W F Q U N S H F Z W
L B W V M T S V C S Q R H E E A R O D N
K A U X E V N D K K B H Y T Z D G Q A E
C D W Y T B H A K X E Q N S N K H N S D
Ü V O Z S K X V T E W N I C Ä V C Y S I
L L M G R L D F M N B A N H L P E V P E
G T C D A J W I O C E J X E G T V S I H
R O I K I T G C A V S Z M N Y B U S E C
O V E O I C J A V T I F O R P R E D L S
Q G K U D I E M Ö B E L V R S I V L Z T
O X I W A P I T A Y P X J P P H G I E N
J Y O T O H C I L D N E G U J R S D U E
W M V S Z S X U Q O E Z V H T G E I G A
T Y I I N C C R K B I T B I F M X D C U
X S Y V M R R C B P A X W N E I X K W F

LE POURCENTAGE   ENVELOPPER

SQUASH   LE JOUET

POUSSER   CONTENT

LE PROFIT   LE SANG

DECIDER   LA QUANTITÉ

LES MEUBLES   BRILLANT

SUR   JEUNE

```
X I E B D T G K D E V C S D W M B K Q M
X B H Q Q X Q Q T J B L N A S V L A T C
G V C O Q G K W S S C L E S F N F U Z D
D E S D D J F T X X S P A F T E B V J I
G I A T C S E X U F L B X E J H I T K E
P H L L V E R B A N N E N R V C Q D N G
O H F Z R Q Y V X T N L F N X R H P E E
F V E R F I N D E N S R M S Z A W F L S
U U I M L A H H O R T S R E D N G D E U
B A D Q B B P B O D E K C H N H G N G N
Z O I I A C X P O Y K U Q E T C P N D D
J O W R E N U T Z L O S M N R S E Z N H
B D C G J Q T U J W L A R H W M G K A E
G W T N W V U S E L T S A M M B G I H I
Q Z V T G P M A N Z A J H U O L M L S T
C M H D F M X C L X F D S N J E L E A Y
T S A G R E D T D I Z I U J C I L M D U
K M U U V Q V I W T T K H T A B F H N R
K J S P S O Z F Z O X Ä A K H E V K I P
Y F A S J D T N P R V N T W Z N Q P J R
```

LA QUALITÉ	RESTER
RONFLER	LE POIGNET
INUTILE	EXCLURE
INVENTER	ÉTRANGE
À FREDONNER	LA TÉLÉVISION
LA PAILLE	LA BOUTEILLE
LA SANTÉ	L'INVITÉ

```
K D E R G E S C H M A C K Q N X F W M U
B S U L P E F K D I E B E Z I E H U N G
G Y R O E V O N D Y L N L T T M H V G N
E X E I M T R K U A O L T G V Z W R F E
J W N P B Y H E S B S I N O F O L L B S
J G N S L E L C L Z N B I L R G N T W S
R Y O Y O Z K N I H T L O D V V J H W A
I J D S N U T J C H C K I O T M J I O L
B S R X A F J S K W C E H T T Q H L A E
G U E Y H P M K V K S I S C V Q L L G
E Q D B I C Q V P A U R E W A N Y G N S
B R G K R F K Y R S T S T G Y R N I R Q
R I X U S C O T T N E Z U U E B Y V O N
O G D B L M O D I R I C D A N I W V T L
C T Z J U F V E B C C W S I L W D H O J
H E S I F Q R K W Y V Y V B E A D N M E
E F Z E C E S S D L I X S O X F U M R N
N W L F D V S R T M E Z J P U A E K E B
U E U N E K C E R H C S R E V G M E D C
V G A H A H F I E M E I X R I I F S P O
```

PLUS	**LE GOÛT**
LA FÉE	**L'ENTRÉE**
LE TONNERRE	**CHOQUER**
LE MOTEUR	**LE BATEAU**
MOYENNE	**L'HISTOIRE**
NONCHALANT	**LA POMME DE TERRE**
CASSÉ	**LA RELATION**

SOLUTIONS

1

2

3

```
F T S O M V S H B L S O M H L H I N E I
F C M A Y B X E T T E R A G I Z E I D H
W Q B V I O C E X L K Q O T L S W G S E
P Z E S M Z X U Y E N K P L L Z I M Y E
R B J W Y W B M W T E B V Y L W R M P N
D Y I R I I Q F K O M D N A L S A D L C
L R F Z V S V N Z H Ä I V U U H X E E Z
J K N M V Q K I N S H U R D Y X S D H S
P S N E F Z G P C A C B D T W S N V A C
T C S E V G D K T D S W X J A X R B N H
G C S F V O E R W C E O Q M E F G N T A
I A I V J Q R W E T B O R S T I L L O R
Z S R C N Y A D E R B E R G B C Y U M F
T T R R O L U M L Z V B Z S C J U U Q M
U T E U K X F T Y X W M A Q V K V W W X
M K D N R Y W D I E K A R T E Z E A D U
H N N Y J G A E P B E C X G S P V F T W
C Z W G I Y N Y Q H R C Z U G B H Q U U
S K W P K Q D M B W N D P W M V L O T J
A T R R R D J C Z L X X U A R T Z Q H J
```

4

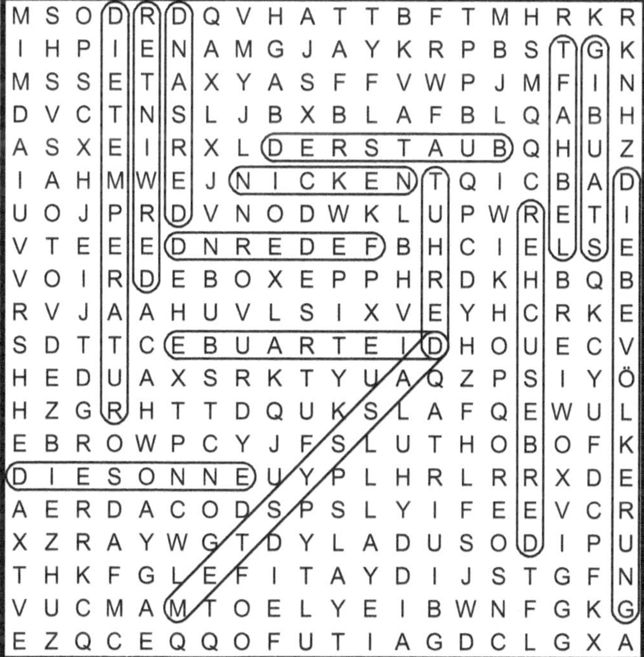

```
M S O D R D Q V H A T T B F T M H R K R
I H P I E N A M G J A Y K R P B S T G K
M S S E T A X Y A S F F V W P J M F I N
D V C T N S L J B X B L A F B L Q A B H
A S X E I R X L D E R S T A U B Q H U Z
I A H M W E J N I C K E N T Q I C B A D
U O J P R D V N O D W K L U P W R E T I
V T E E E D N R E D E F B H C I E L S E
V O I R D E B O X E P P H R D K H B Q B
R V J A A H U V L S I X V E Y H C R K E
S D T T C E B U A R T E I D H O U E C V
H E D U A X S R K T Y U A Q Z P S I Y Ö
H Z G R H T T D Q U K S L A F Q E W U L
E B R O W P C Y J F S L U T H O B O F K
D I E S O N N E U Y P L H R L R R X D E
A E R D A C O D S P S L Y I F E E V C R
X Z R A Y W G T D Y L A D U S O D I P U
T H K F G L E F I T A Y D I J S T G F N
V U C M A M T O E L Y E I B W N F G K G
E Z Q C E Q Q O F U T I A G D C L G X A
```

5

```
B M U K P F F S N S T I A W N T X M V H
B L O H Q S C N E N E M H E N F U A R S
D W N M R H Y I R O M H H B C I L D R M
A L T E N G I X Y D E R U N F A L L R G
R R U E B D S Q X Z W M U N M Q C J L M
R H L H Y M N H I J A U I X O T O O N E
A L N R C C O R S L D B A I Z B Y B T A
N J R P S E B J U D Q G A K Z U W I I B
G B Q C V T E Q E S Q X E E D M T P E H
I C W X K Z Q I O I O Q T Z R S F I H P
E R M N L P C P D G D H X J A E J G N D
R J N E M U Ä R T J D X L G Z J L N E Q
E Y G N S F Z V D K R B U L D I Z R G K
N R E B L A M U R E H Q Y F E N S Y N G
A X Z H H P Z Q I K E F U T R O V N A K
J I E E W V O R E I F E N C M M M E G K
M U I Z K N L Q V M H E O M O U I P R C
T N O R L A R E Q D G S E H N X Q G E N
X B X T B C L W A E S R D A A P L G V X
E N M Z R H S R G Y O B W V T T N X C R
```

6

```
W D A S I N S T R U M E N T G Z T Z L P
G E O G I L I E W G N A L K C B B T J P
X T A L N T S U T F E O K W B M O A X T
G W W V J C W T R W V H E I K G Y L Q X
N E G I D L U H C S T N E H C I S P A K
L F Z X P F C J O D A S K I N N F L Z Z
T L A R A Y L C D P M W U G W G C E V V
H F F U N M G Z E E B K F T W J V I P K
C B Y E F E N O O A R B O K Y X M P M N
A Q C K U J H Z Z Q L G C R R C S S Z F
N F X N U O R C A E H Z E A P Y N R U X
R X N C Z E P O S B Q Z L S S B F E N B
E W M Z H I V J V N P M X O C B T D Z C
T D A S I N N E R E E H Q E H H M H R F
T J A B E N N M O T F M M L E S M R U K
I D P C Y Y W C P S A G E N F K A A E H
M H J Q E X F R X Z W C P I L Z S D C D
E N K G A G W K G Y S D G E D Z Z S L K
I Q E V L E N P B J G Y I B I Z A R R S
D Q R A R A D X V S B N C L Z K P L F B
```

7

C F N Z T F S X L L X G L G E L X N Z U
K A V T W P Q Y H C F M F O S P C F W W
O L R G Y W M B A D L S N I H A U P D M
Y H Y A Z C W E B R A F E I D L F E E I
K A L Z C P H K T D I E S E I T E R R P
X T A T I R O I R P E I D F N D U R C D
L H J Y T O F A M F I P R T P Y N X O E
Z I X C B F N C U C K P W Q G X X O M R
N Q Q Z G Z J P W O H S E I D G W N P P
D E G E B O G E N A Y D A S G R A S U L
I P S Y R C T D X T Y Y L S F Y X S T A
E B J E D A S U N T E R N E H M E N N E
V I K D W B C O N O R M A L B H P L R E
I I J Z N N H S E I S G H K A J J G X T
E M F B E G A N E U E R T S R E Z F J F
L D E V Z V I S R E R C G K Z N M Q X M
F K B C F Z K H A O Y R R A U C J M R J
A U I T V I L A S D Z A Y Y S F T V N Q
L E E Z D F Y Z E I S O W K B V Q O X G
T D E M S H W T B D C K H C W U A X M J

8

W D A P C B J C Z K T V H T X A A N N M
W A D E R K A L E N D E R G N V D B R A
F S F Y Z G K R O O X V G C Z W E I S L
L S J L L E H E J F D S C H W E R L V I
G C Z Z F C T M D W J X U O F W V U N I
H H D X L H M I I A E G F N A O E J I G
A A K X R M S U E E J X E O B L R W J P
L C V V Y V C D W S D G I Z N A T J B G
N H E Z A A H D O G N D L S R S R I T R
K S R O U Q W X C Ä T E H Z T W A E X A
X P S N H V I K H F G I ß B T I G Z X M
F I C X T E E P E D G K N U D B E A C U
Q E H Z Z D R V H Q L W L W W L A B S R L J
Z L W Y O I I N W A F V I R R E R N E S
L X I S T W G Z K Q G I T K G M I Z G N
P G N M V I H G Y T H I R O V I R D R C
E A D M G N Y S K G O S N E H C U A R N
T R E B B F R K X I G O X R S B A H F L
J L N I L Z J I B N N E ß E I L H C S U
K N S I A B P D S I H J Q B S Q N A X R

9

```
A G A R N E S S A H A U S R X M O S F M
G G F K D K Y N E R R I W R E V L E L L
Q E A L T W L T D F V L Y A F K Q V D M
W H O R H L B E Z Y W I F A U A C M A J
O H V V I U R R Y G N U H C E R E I D
Q P P S E D K B I N U D R J T M N U L D
R J H X R L G Q A W K F F Q J Y N Q I I
R V Y E K L H M G E S C H Ä F T I G E E
T K C F L E N I H C S A M E I D R U N U
U K Z M J X A H I G T X U L Z N H P U N
B M H H S K Z T F K B C F E A V G M G I
B I J C A B S U J J J N B V M A X W M V
W R V I I T U T M U Ä R E G F U A W B E
C B V L L Q D O W I E U S D Y L S V C R
Y B X R P M C A U F I M Q J R U G O R S
M X F H L R E S S G D Q N O D O T R H I
T J K Ä N L E Z O A R H P I M M V Q T
M V D F F D O I Q T U E L C Y W Z U D Ä
G K P E U R M K C Ü L G N U S A D W A T
L B A G M R K V D H I R E N D Z R X M J
```

10

```
C G A Y I S S S F J Q R B Z E T U O A T
X B E N T U J R N K U V D G R A U S A M
V D A W A A T J B C N D Y I E M F F D W
W R N M R D I E E I G E N S C H A F T N
Q F E D M E M H N B L B D Q X B O Y H O
Z I A N P S D X L Y Q F H O S W G U S I
D E E M R A E I D Q Z T A C B U U T A T
G K N E H C A L H J Z M Y Z A R P S F A
V O H T B C B E T E R H Q G F I D E G T
O U I E X B A G K A O A R V X K S D I I
R I N K T B R G M X H C K R Y B E A G B
S W Z C P A D U M L E I T E N C A T D M
C Z A T O S Z Z S W O Q N C M Q H W C O
H T Y O V T I P A F K X D L H I X O C K
L W T P M G R E R J V V E M R A B I N E
A M B Z Y H T P O F M N R T M K Y F F I
G X L W P E P V J Q D M G W Q F Q X V O D
E D R B P H G I E T S R E G R Ü B R E D
N E K U O E I B F Y M U R X R V T Y P O
A D H G Z V R V W Y L E T B B B O A D H P
```

11

```
N L J F Q P N H U W G R P W M C C O W O
X S Q Z F W Y A H J I O X D V W I B L X
P B S K D X W C B Y T V Z F H E E P L Z
N I D C N Z W H G J G A K Y I J D O T N
E P F W J W A Z L K F K C G Q E L L F L
F H C X M H W A Z S G Q Z V M I Ä G J E
J T F N Q C Ö Q D F D C B S I Q M E S H
N Y D W U I J F B J O Z Q L R T E B D C
N P S J H L A C L K J M Z Z M R G R I I
A I M R H R O I O I J S C D I V S A J E
E P P E R E T I U O C K W N K T A U Z R
R B B G V N F L V B Z H G Z G F D C O T
I H E N R I N Z G W J E U R B A P H R S
K J A E E E Z T A T N A O K P R G T O O
H D S R U W Y G N J T ß Z J B P F K T B
V J R I T X N F Z G P R T K N L M N S J
F Z W S K P K M M A D E R H U M O R A N
P G E C G N U T L A H R E T N U E I D X
Y T E H B Q M T S O T T N E N N E R T C
V P A Z N W W U D W B S Z U C Y O N J P
```

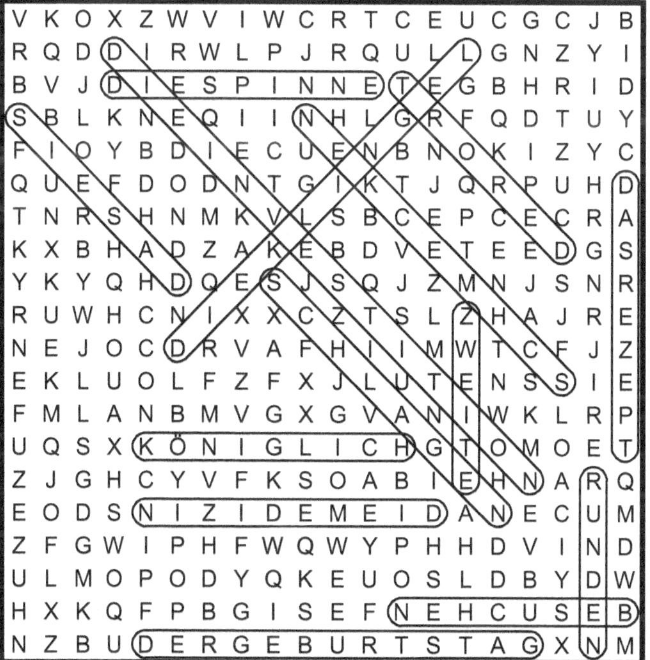

12

```
V K O X Z W V I W C R T C E U C G C J B
R Q D D I R W L P J R Q U L L G N Z Y I
B V J D I E S P I N N E T E G B H R I D
S B L K N E Q I I N H L G R F Q D T U Y
F I O Y B D I E C U E N B N O K I Z Y C
Q U E F D O D N T G I K T J Q R P U H D
T N R S H N M K V L S B C E P C E C R A
K X B H A D Z A K E B D V E T E E D G S
Y K Y Q H D Q E S J S Q J Z M N J S N R
R U W H C N I X X C Z T S L Z H A J R E
N E J O C D R V A F H I I M W T C F J Z
E K L U O L F Z F X J L U T E N S S I E
F M L A N B M V G X G V A N I W K L R P
U Q S X K Ö N I G L I C H G T O M O E T
Z J G H C Y V F K S O A B I E H N A R Q
E O D S N I Z I D E M E I D A N E C U M
Z F G W I P H F W Q W Y P H H D V I N D
U L M O P O D Y Q K E U O S L D B Y D W
H X K Q F P B G I S E F N E H C U S E B
N Z B U D E R G E B U R T S T A G X N M
```

13

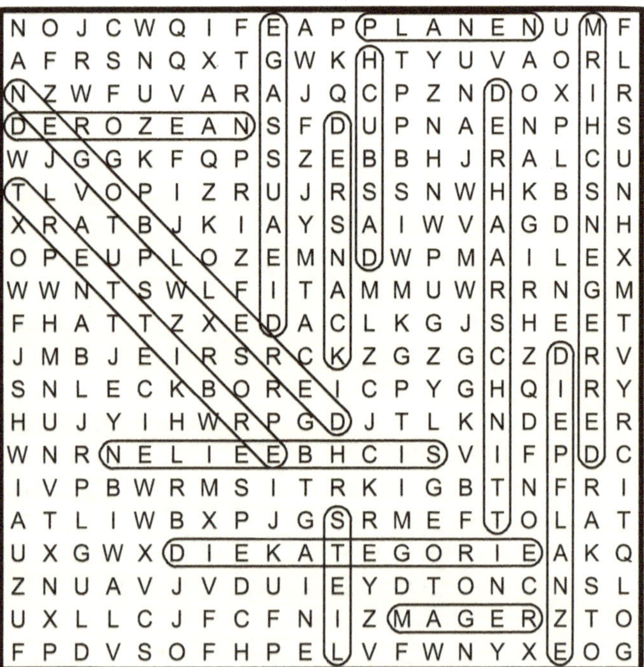

14

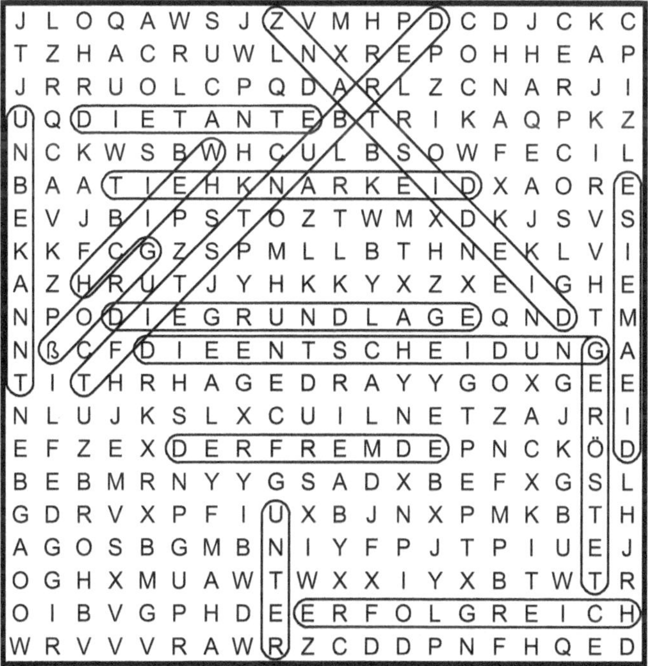

15

16

17

```
D I E Z U S C H A U E R H H R F F M A T
R N E H C N R Ö H H C I E S A D K U Q H
Q Q R S D J B I B X R R L P A T P X I C
K M G S W A C H S E N E O Z G T A T V I
A Z P N O L Z Z M C I J C W N F U G Q E
D H C L I M E I D A I F X S C F V Y D S
X K V O E C N N O N D C D R S Z E S E X
S C H N E I E N D I E L I N K E G T R X
R U T Z S P O X F S P A X O M M U K K D
Q S N E G V H C I L ß E I L H C S S U A
E A U S S E T Z E N D Z S K W A E H S E
R P I S J X T U O E T U O R E I D D S C
B C I J Z I Z Q V Z V K E K J G M G V P
Ä F R H D H B Z G I V M C N E M L U P W
R M R C A E Q I S D F V B M A O E X M M
M N Q R J T R R N J U P J X T K E X D D
L O X R W L S G J Q A I S H X Z R R U D
I Y S W Q S T Q E I A R I Z B B E V X R
C X F O P U P J W B L U N B B I N R P P
H R Q A D T Z B R Y Q D M Z W S S B W C
```

18

```
N L Q Q O D A S W I S S E N D N M B R Q
A H T N E A F Z R C C D A Q I E G D R H
S K O N Z R P N V I I I S A E D E O Y R
Q O Q M A L X C C U C E M W S I X D H Q
F N C W I K P Q V R N S X Z P V B Z X
L R E J V O Y Z I F O T D W I M E V Z
I O S D I E V U W I J U J P T R E K W C
K N F K N D D I Z O Z N X N Z E F O L F
C P P I E I F I B J M D E F E V Y M D A
S I E Y R H W O E Z O E Q D U U U M V S
W J F G E U S H K W C R U A Y C T E T W
L R M L I I E C C N A D M A L K G N O I
N N I Z N S R L E S F H H Y R A S H P Z
T U O G I I W ß E Q R M R R U M V C Y J
H J Q V U H E E C B Z E O H D I E K U H
A U ß E R I A T P O P K V M E C W U N M
T U C Y N S P F L H C Y K Y U I W A T P
T I A E N T H L C T A S H X W N T W X V
X G G H Q H M Ä P K Q B S P X O W Z W F
I T U G S E H H K S C H R E C K L I C H
```

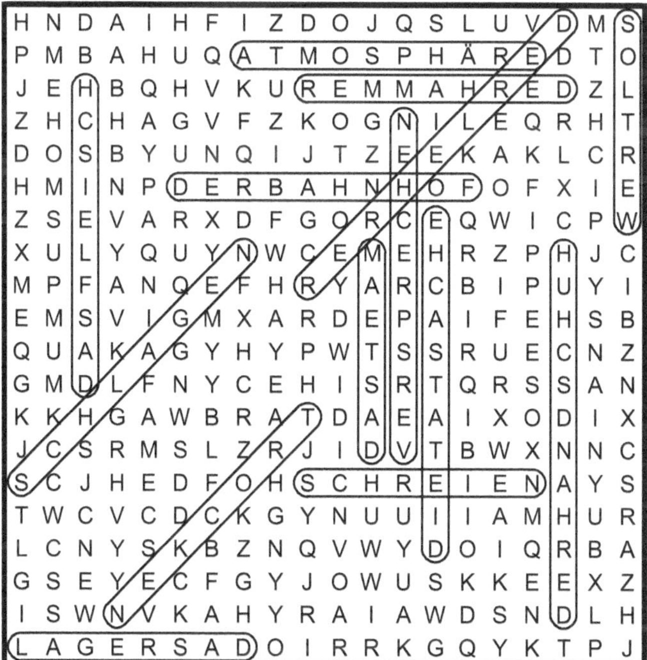

21

```
G F T N O X P F U R H Z R Z R W V G V R
F L A E E Y I G N U J F H X Y I X W O E
J Z S R B T E T A R I E H R E V X C T M
R P X Ö C D X M H L K F E C R Z S Y F H
V V X H S A O N T G D M U I Q B J I K E
D Z B U T S N D E M J R K I B I L A N N
U E H Z C G E R G L D A S G I F T C R T
C G R H Q L F E U L B X H Q O Q C J F I
D R Z F O A L L D R J O N R M C V G G E
I S J G A S V E R S C H W E N D E N H B
B F R S D D K O C Z B R N R K R W U D R
H G M A T I E T L V A W A W Z C A L C A
Q E J U Q T E N M B G P V J F R E Z B R
W H I B K E I I T I Z Q X I A H H D S E
B E L W Q R Y H N W X U Q Y A X A J U D
R E E L O A C O C S J C A C N W H S A Z
I Y V R D U H J K R E V O L L U P R E D
L I H L R R C I U S O L K C U M H C S Z
V H J F E P R W M L C E O H G U C V H V
J O X D I I P B G L F V B M G X E A R U
```

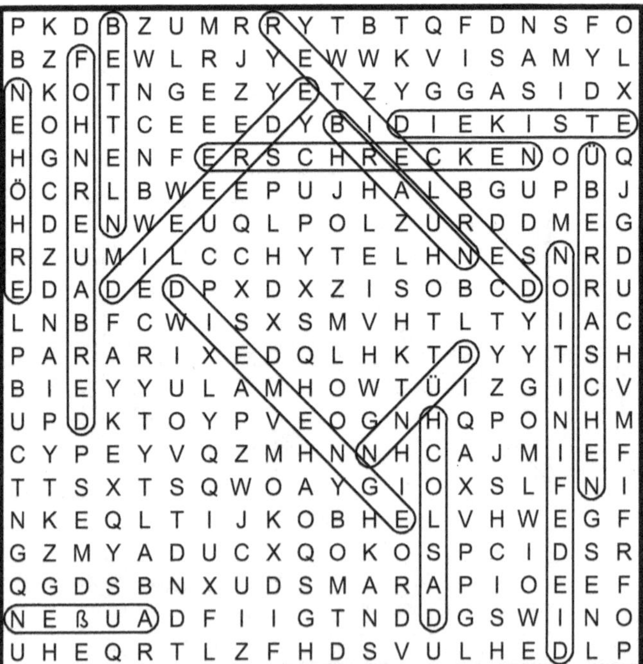

22

```
P K D B Z U M R R Y T B T Q F D N S F O
B Z F E W L R J Y E W W K V I S A M Y L
N K O T N G E Z Y E T Z Y G G A S I D X
E O H T C E E E D Y B D I E K I S T E
H G N E N F E R S C H R E C K E N O Ü Q
Ö C R L B W E E P U J H A L B G U P B J
H D E N W E U Q L P O L Z U R D D M E G
R Z U M I L C C H Y T E L H N E S N R D
E D A D E D P X D X Z I S O B C D O R U
L N B F C W I S X S M V H T L T Y I A C
P A R A R I X E D Q L H K T D Y Y T S H
B I E Y Y U L A M H O W T Ü I Z G I N V
U P D K T O Y P V E O G N H Q P O N H M
C Y P E Y V Q Z M H N N H C A J M I E F
T T S X T S Q W O A Y G I O X S L F N I
N K E Q L T I J K O B H E L V H W E G F
G Z M Y A D U C X Q O K O S P C I D S R
Q G D S B N X U D S M A R A P I O E E F
N E ß U A D F I I G T N D D G S W I N O
U H E Q R T L Z F H D S V U L H E D L P
```

25

```
K Q U L Z K Z Q W Z K R E T T E N C W T
Y X N F X D O J U K N N E Q H O I Y O I
J G H N B X M I P E E T P L T M N X K T
Z A Ö E S T A R K B F R M Z E G N A O B
B T F ß N W L R E C R I I O R B U Q R K
T T L E P Q V N S N E N E I B E E K S V
J I I I J K R I M M A K V C N I Z K N C
I M C L V Z S P M P P E O D A L V L G F
C H H Q B W I A X N N U I F E N K P V
R C O C Y N T A D E I N F Z Q J D Q E E
O A L S Z S O N N D O L K V M A G J R H
B N A E J E R S R C V G R K I S F N I
U R E I H T F D D Q M M T O B D M G R C
S E D E A N B E S M X N T P C X E U Z E
T D M D C K N Z N I N T I I B X W S D M
J E E M E T P G B C Z U E G D B Z I O A
S I I B L J D V M M L U P M K H H N G Y
D Q X I B W E H L J D Z P F P K I G A D
V H C S I G L A T S O N U R K F M E X Q
D H D W Z A B X W S L Q P N Z S G N L X
```

26

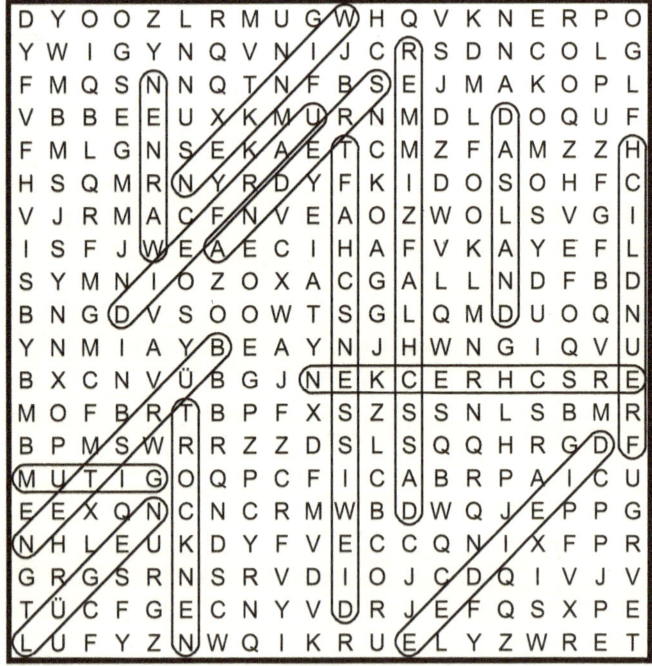

27

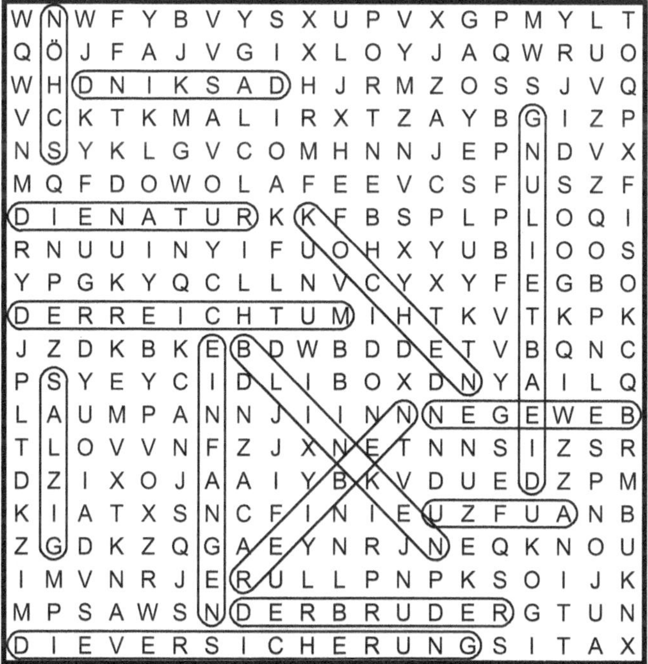

28

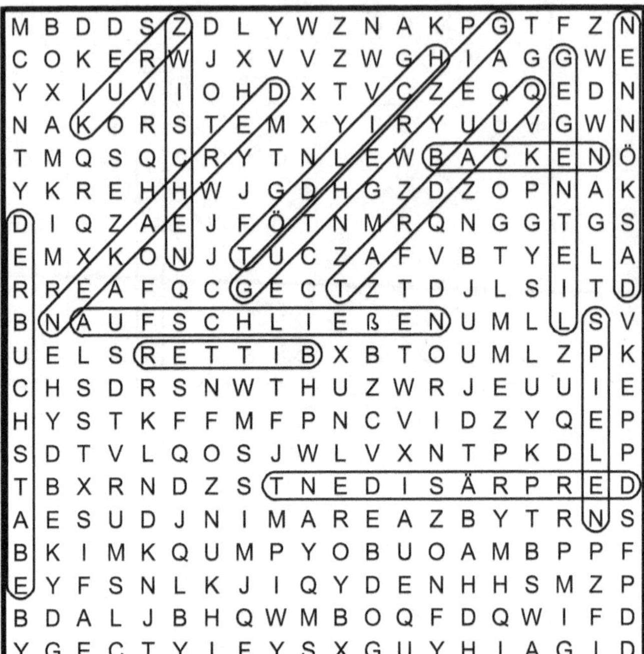

29

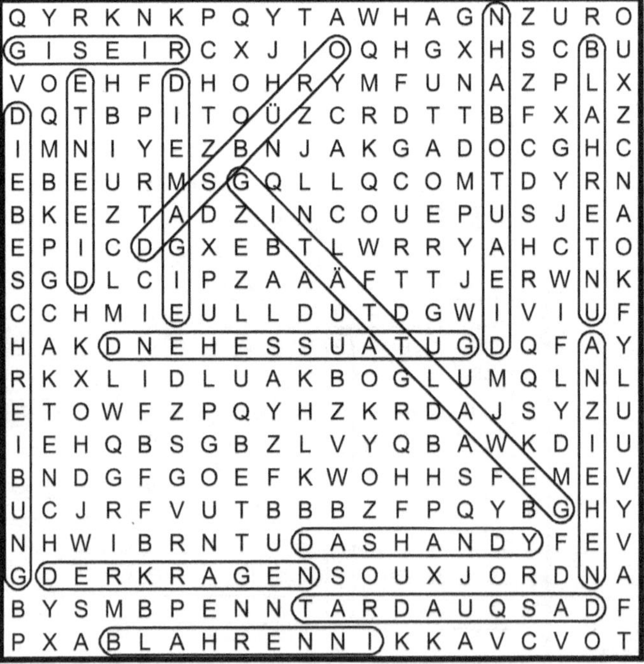

30

31

```
P T U F H X A G C N P F C B R G Q S Y K
Q C O W X B S A K Q T U D I I J A Q M C
E O L T Z N S H J Q J Q O T R Y I B D P
H K D G I R E I W H C S X Y I G W W A Z
C E J A U N P A E O X C W M B I E G E N
S L L P O H C S I T S N E P S E G I Y L
R E O N B T J S D T F I C L C Y M S T E
I Z A Z Z L J M T A V W E E H G E R Q Z
K G Z E C M F P Y S S W W M W F H T Q T
E L G X V Z R J A I H M K N A L H C S D
I O D V J X U V C S C A E T C W M V Q D
D X R W E U M M B A I G O T H J W M L H
R H P G K M D S G K E I N K A U F E N O
Q W F K D B A S A L R S F A J L G K S L
T Z A Q V E S H A A F C C F C Y L N K P
Z T Z W X O M E F L L H E Y A K F K I E
E N T K I I E E O P I S R E V N E M X R
X L W X D G N K K N H Q B J B R W R G I
R U M F A S Ü X P I S F J I R Z V N G
G H A N Z W O H N U N G M V X M E D A P
```

32

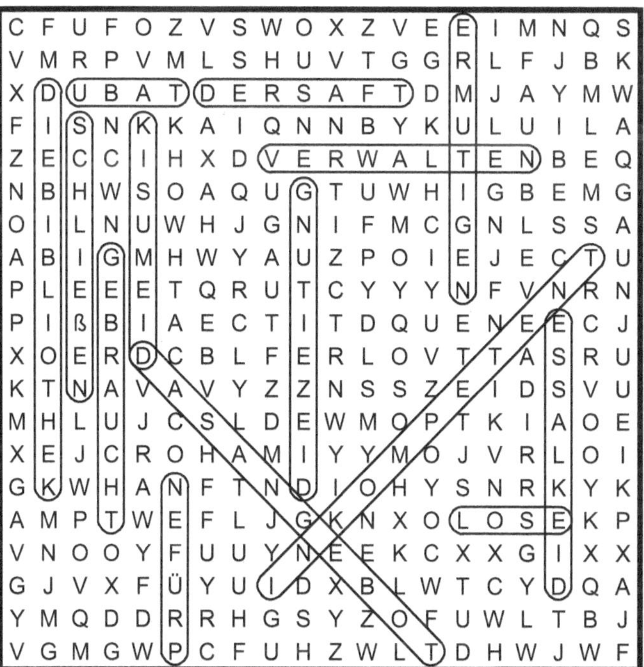

```
C F U F O Z V S W O X Z V E E I M N Q S
V M R P V M L S H U V T G G R L F J B K
X D U B A T D E R S A F T D M J A Y M W
F I S N K K A I Q N N B Y K U L U I L A
Z E C C I H X D V E R W A L T E N B E Q
N B H W S O A Q U G T U W H I G B E M G
O I L N U W H J G N I F M C G N L S S A
A B I G M H W Y A U Z P O I E J E C T U
P L E E E T Q R U T C Y Y Y N F V N R N
P I ß B I A E C T I T D Q U E N E C J
X O E R D C B L F E R L O V T T A S R U
K T N A V A Y Z Z N S S Z E I D S V U
M H L U J C S L D E W M O P T K I A O E
X E J C R O H A M I Y Y M O J V R L O I
G K W H A N F T N D I O H Y S N R K Y K
A M P T W E F L J G K N X O L O S E K P
V N O O Y F U U Y N E E K C X X G I X X
G J V X F Ü Y U I D X B L W T C Y D Q A
Y M Q D D R R H G S Y Z O F U W L T B J
V G M G W P C F U H Z W L T D H W J W F
```

33

```
D A R S A D C H G O L G L X L G G E L B
A C G Q D E R Z E H Q W S Z J P I C D F
V W J G W G A Y U C L B R W Q S N N T O
J K A P S F S U Q B L X Q U N P Ö U Z V
D V G E H C N A R B E I D U G I K Ü A P
L K E C A W Y V D A S E S S E N R B R V
Y W N T K U K L O P F E N V A A E E Q F
N M F E T H Q J D S W T M C D B D R V B
J U H E I R U J D R T I P P E N P P S J
K J F R G F M S S A D E Z Y O V L R S S
E H A R B D E W T C S L V E B E J Ü R Q
A B Y H M W H N V E E Z W R V M P F K R
R R P H R S L P W B N C U Y T F L E B D
V I T Y P I R H B B Z N F H B C S N F N
W A L Y O X C X C K U F K L A T I E Q H
V J A O H Y Q O H F C G J D O U Z S G S
T W Q N Z I K E K T K Q P G K K S D Z D
O I J Q L T K G C M E Z O N R B E E J F
I T V E C F K G R O N C V E H N A R V U
S U P R Y F I Z A N M D J Q T I F F S K
```

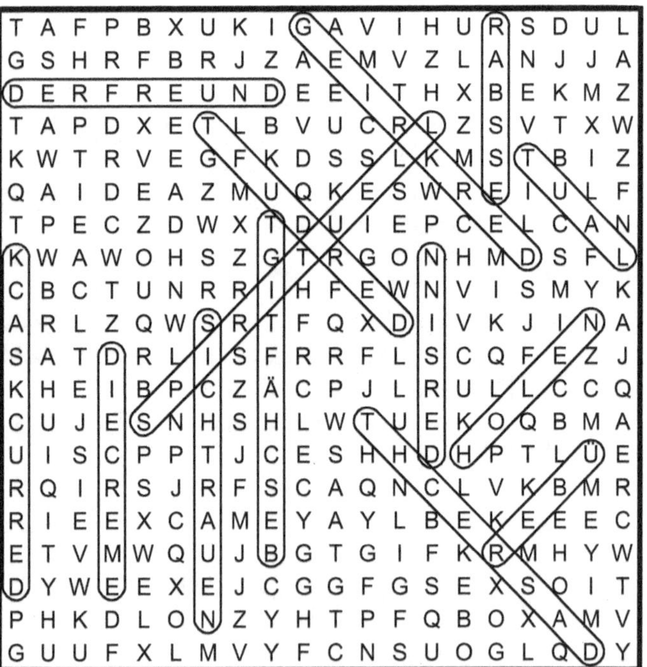

34

```
T A F P B X U K I G A V I H U R S D U L
G S H R F B R J Z A E M V Z L A N J J A
D E R F R E U N D E E I T H X B E K M Z
T A P D X E T L B V U C R L Z S V T X W
K W T R V E G F K D S S L K M S T B I Z
Q A I D E A Z M U Q K E S W R E I U L F
T P E C Z D W X T D U I E P C E L C A N
K W A W O H S Z G T R G O N H M D S F L
C B C T U N R R H F E W N V I S M Y K
A R L Z Q W S R T F Q X D I V K J I N A
S A T D R L I S F R R F L S C Q F E Z J
K H E I B P C Z Ä C P J L R U L L C C Q
C U J E S N H S H L W T U E K O Q B M A
U I S C P P T J C E S H H D H P T L Ü E
R Q I R S J R F S C A Q N C L V K B M R
R I E E X C A M E Y A Y L B E K E E E C
E T V M W Q U J B G T G I F K R M H Y W
D Y W E X E J C G G F G S E X S O I T
P H K D L O N Z Y H T P F Q B O X A M V
G U U F X L M V Y F C N S U O G L Q D Y
```

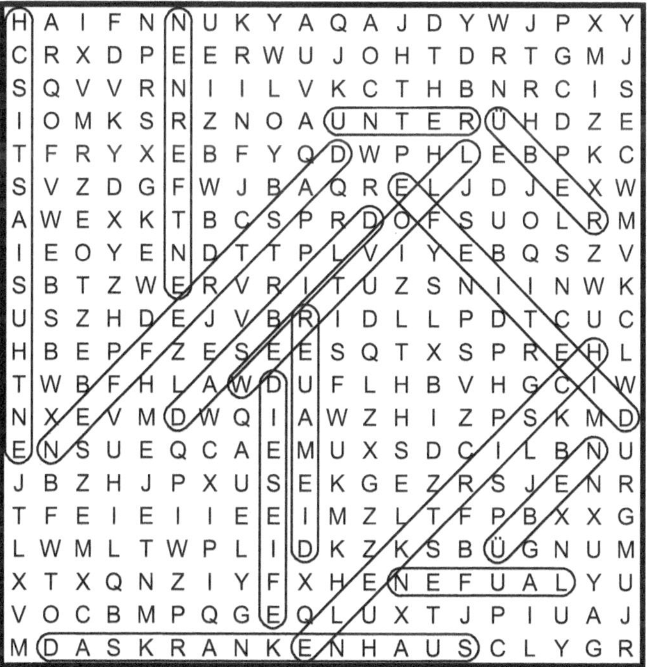

35

36

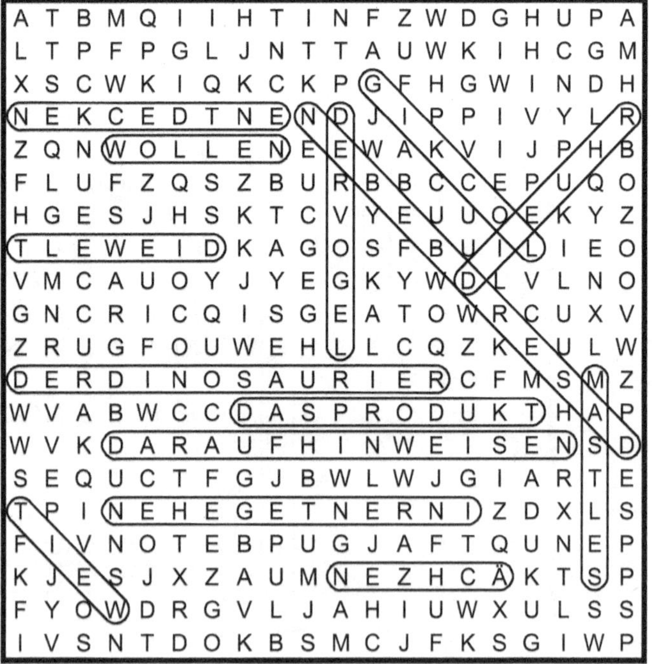

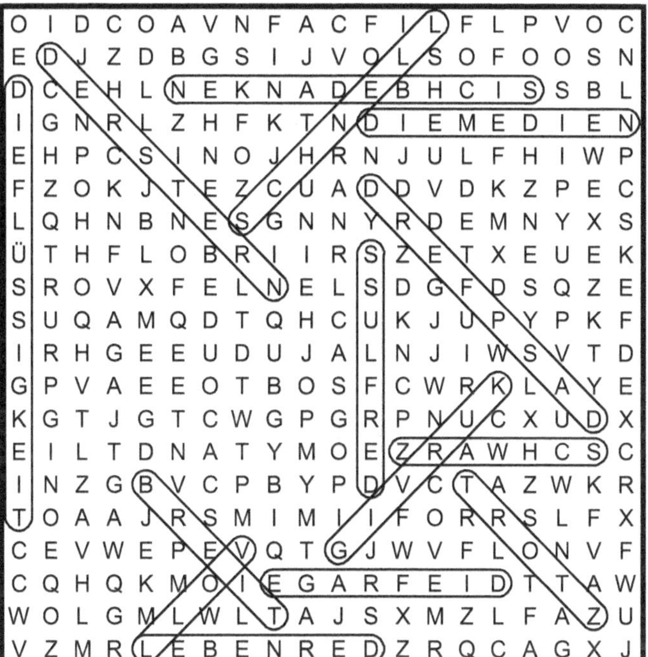

39

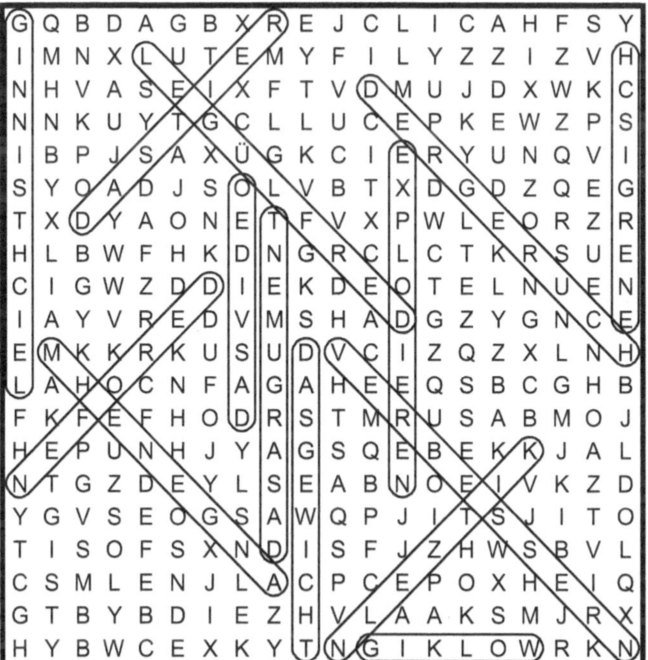

40

41

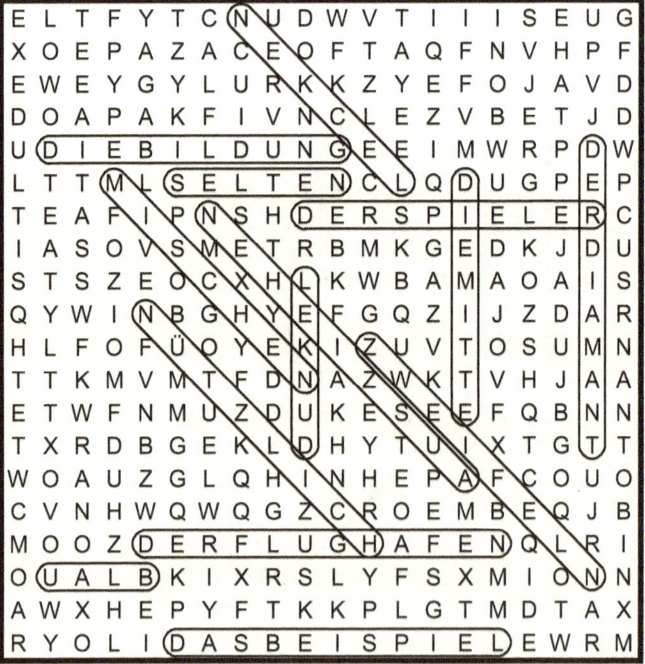

42

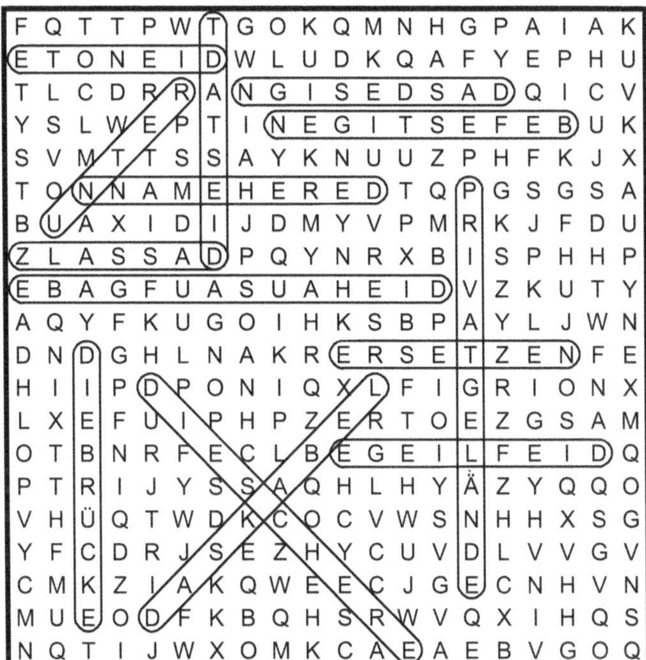

43

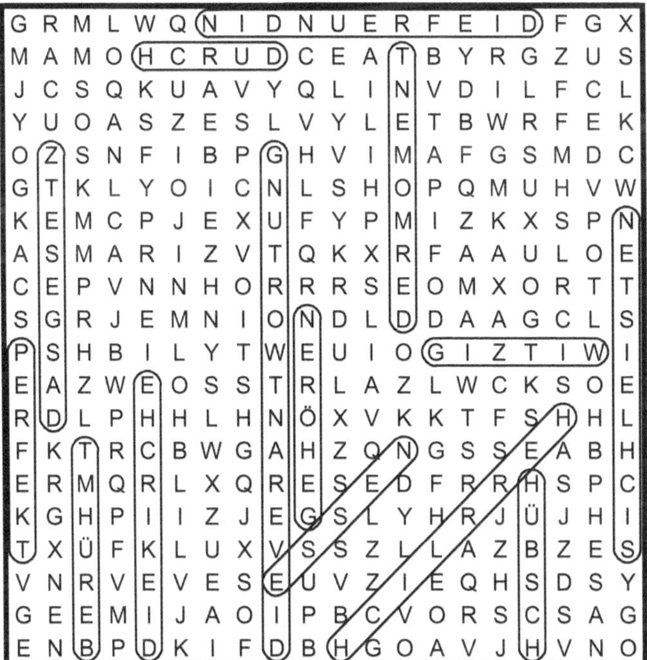

44

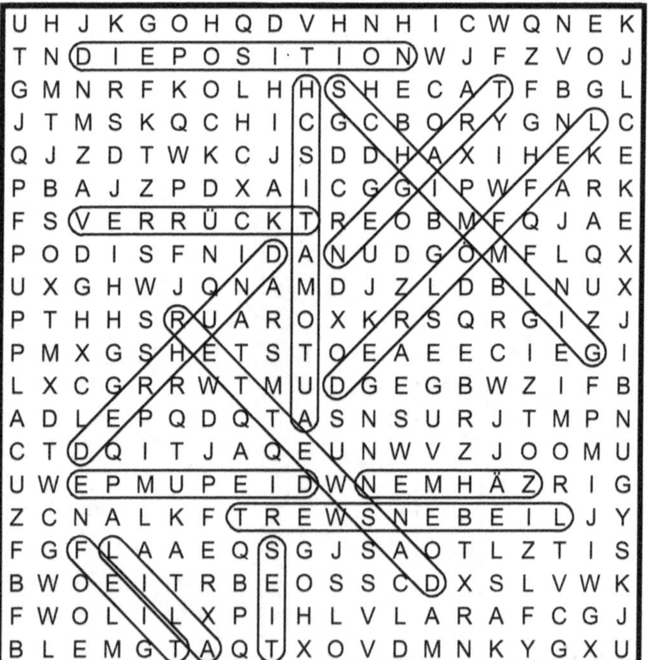

45

46

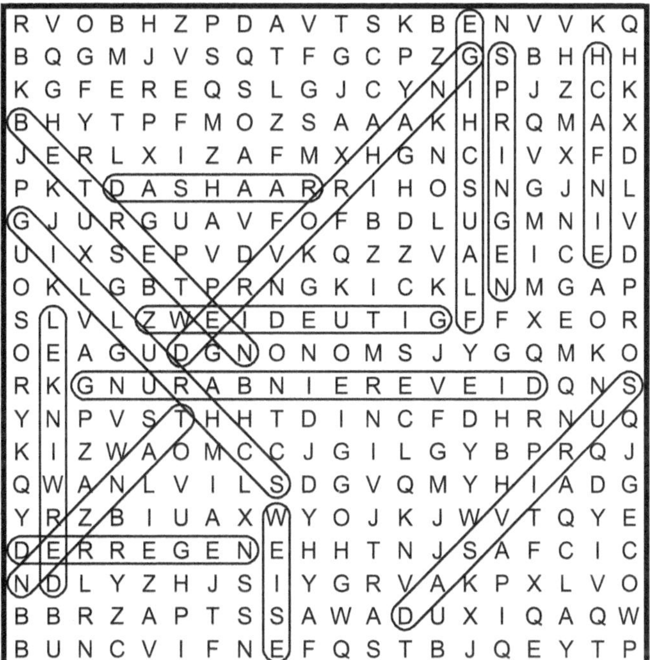

47

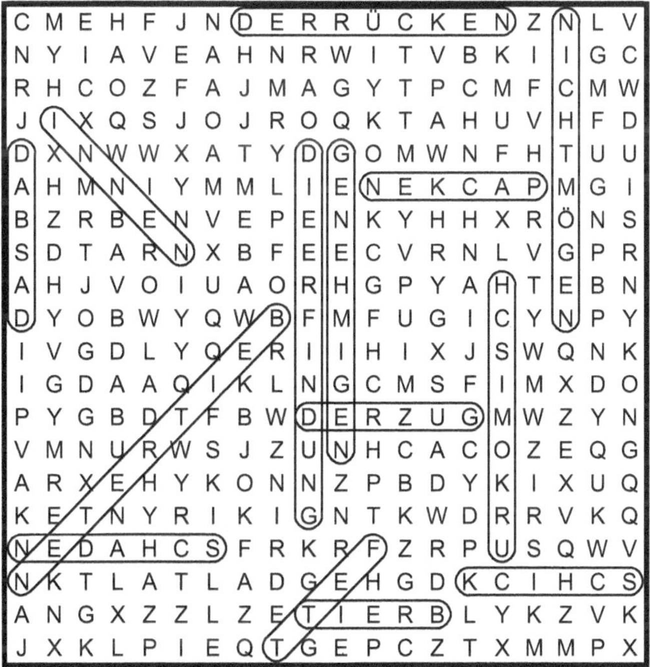

48

49

```
Q J U F E G L Y Z G E T P H S S K M J C
K J D S P U B L I I R X V T X O F O D V
S X F R C E I Z W C X E T S E W E I D V
D I E S U P P E C T F Ä H C S E G S A D
S S T T A U L D X Q I O C E R I W N K V
G E I L D L A H T P B R Q T V B B K C E
M T E V F S R G A V A Z K S T L M V G Q
A C H Y K E Z K G Z N U M I K I K F H D
N K R L U E Y T Y M F T S S N C J O X E
J U E M K W U F X O F Z V L T H W F U R
P I H W Y L Y L B N I Q Y B E R Y F U M
D E C W M L W P R I O D Z F B I Ö J E U
I L I L L Y I N J Q V A Z D E E H M D N
E C S Y N N E R E I H A R T B U S E E D
B O E X M O Z E G Z I I I Q Z F G T N N
L I I J H Z J B G N U N I E M E I D F J
A T D G T Y C F L Z D J V D I E S O D A
S O M W Q X O N Y W O L U Q P C R R X F
E H K E K R Ä T S T U A L E I D F G V M
S B O J X G Y D S T W S T F O M Y X O L
```

50

```
L B U S I U X Y P J E F G O J H U Q G B
B Q U W N E T S E B M A A A N A U O T U
Q O D S Q A H R D L O H Q T A N R M M J
G M Q O B E X Z E L L E N T F L V D X N
H F B K M K T H S N E R E I R A P E R X
Y Z N Y U K I T G E M F H C G P Y W T P
H B G T I E X G V I X U E S K I E W Y L
A K X Y A X S X I R U T A E R K E I D P
L C O W Z Z D Ä V A Y N D I Z V M O P W
J P N N Ü D L X K M S N C G M K G D S P
B G M Z M O B H D R Z A E G N C L Y Z M
W Z R Z O B U L V C E A I T L I Q V B D
K S G K G L I E T S A D M K R X R U H V
W Z J E F C Z U B D A B U D D O H R R H
V O R S T E L L E N S N X L U W W R E F
N F V E R L A U B E N A R E V V V R T S D
O K Y T H Z S W I E U I U D O Q H R N H
F W V W N E S S A L S O L B P U J G R A
R E N F Y J B X S R V M V K E A N S A N
X Z V R R E M M U N E I D Y F R V S P P
```

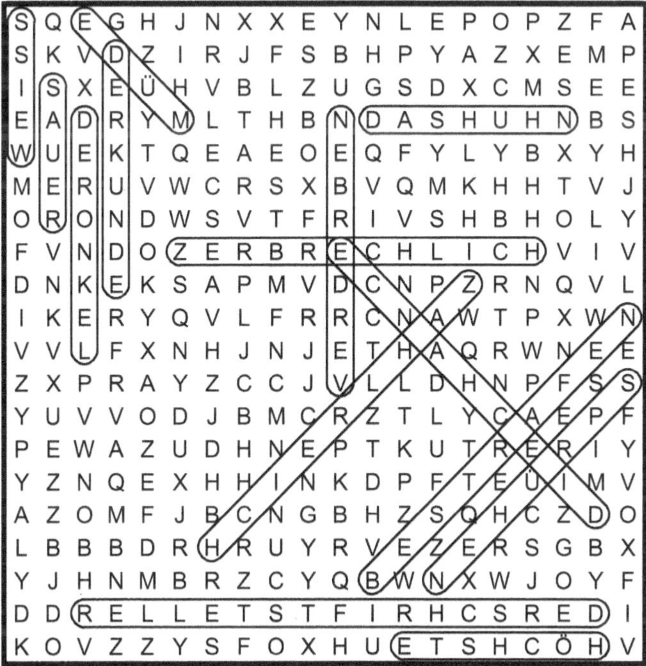

51

52

53

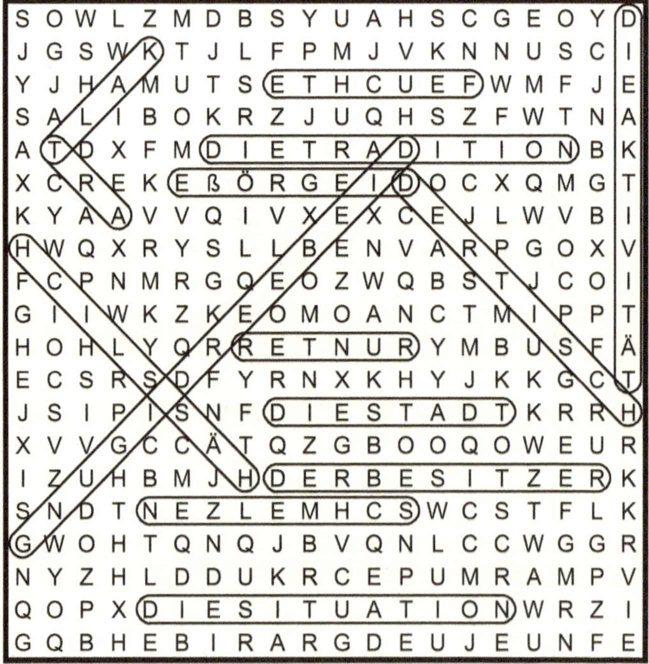

54

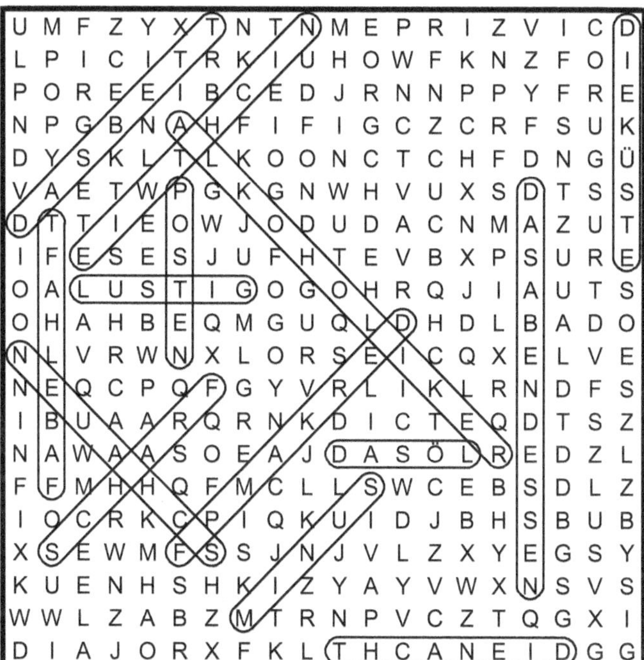

55

56

57
58

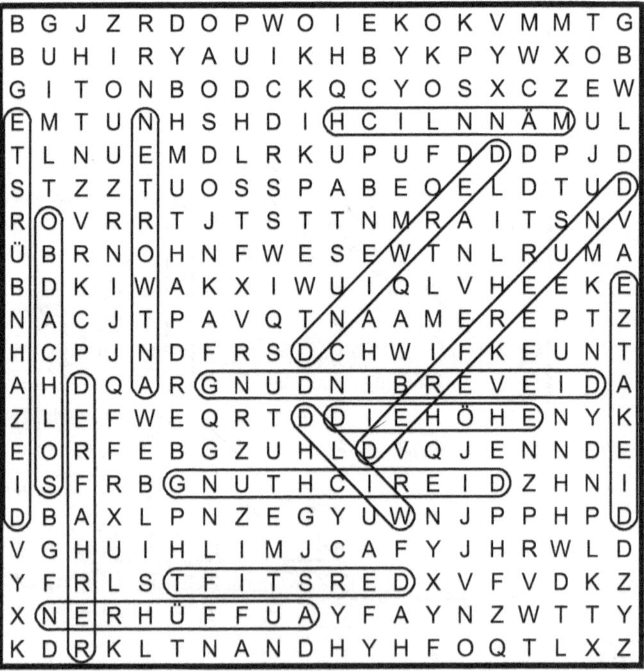

59

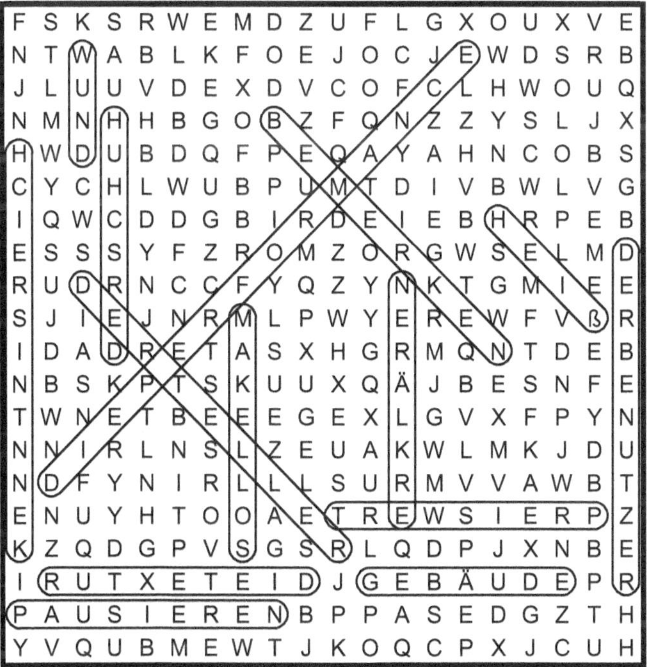

60

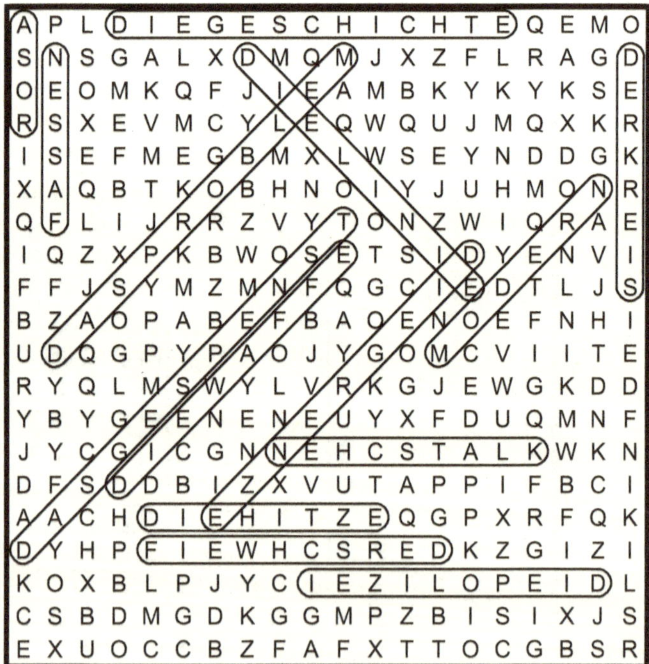

61

62

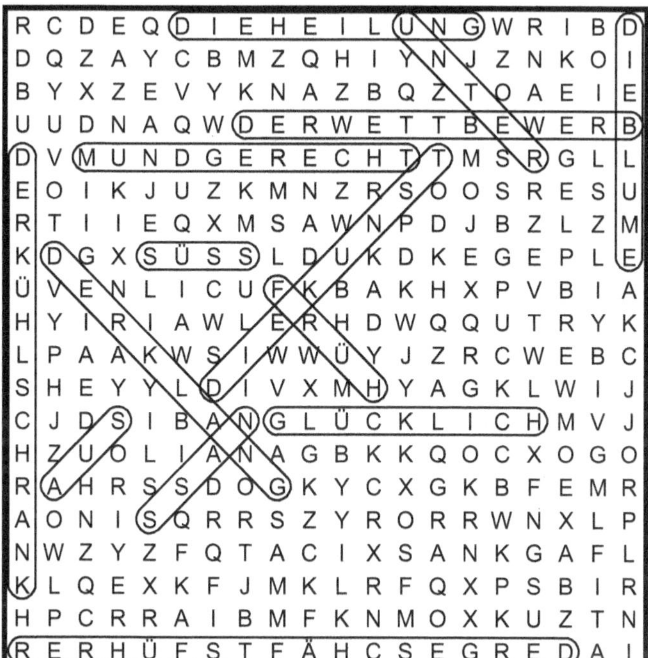

63

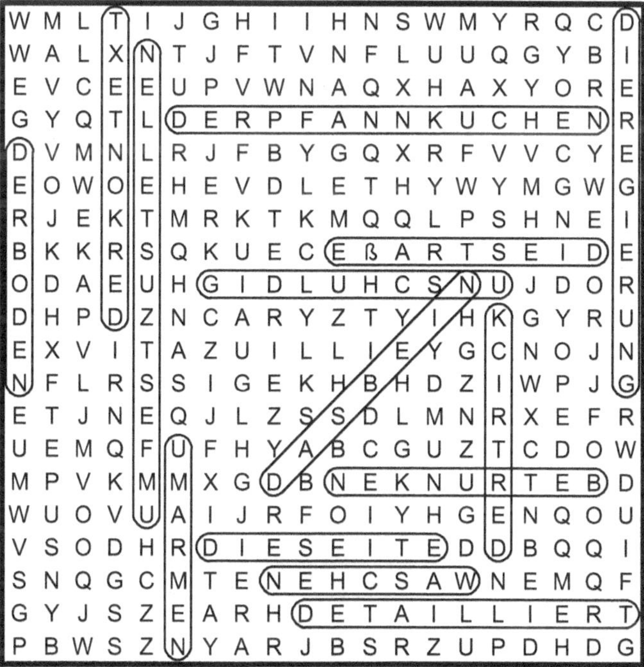

64

65

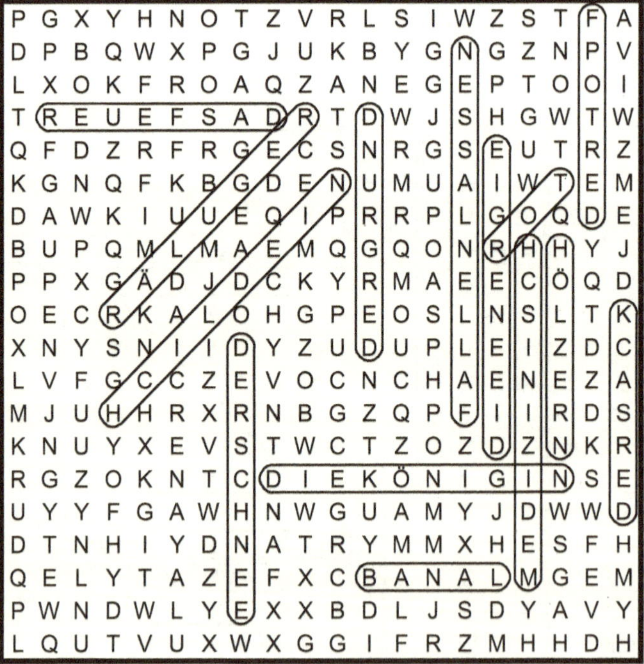

66

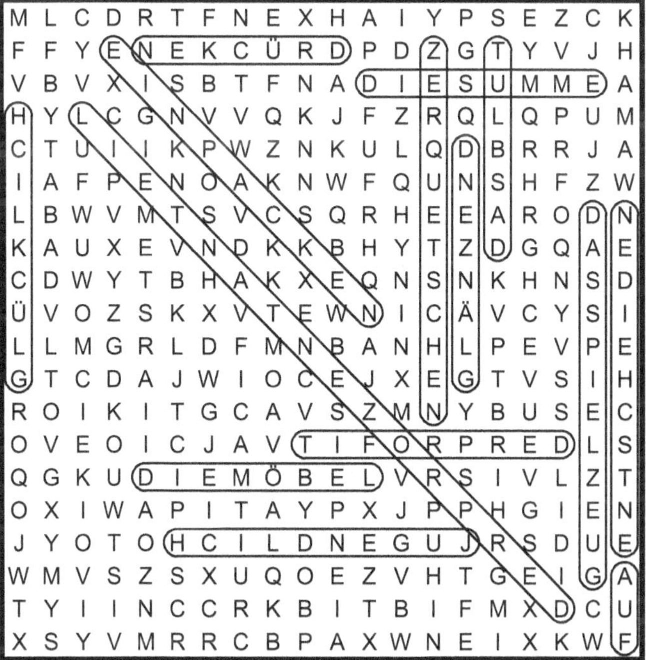

67

68

69

X	I	E	B	D	T	G	K	D	E	V	C	S	D	W	M	B	K	Q	M
X	B	H	Q	Q	X	Q	Q	T	J	B	L	N	A	S	V	L	A	T	C
G	V	C	O	Q	G	K	W	S	S	C	L	E	S	F	N	F	U	Z	D
D	E	S	D	D	J	F	T	X	X	S	P	A	F	T	E	B	V	J	I
G	I	A	T	C	S	E	X	U	F	L	B	X	E	J	H	I	T	K	E
P	H	L	L	V	E	R	B	A	N	N	E	N	R	V	C	Q	D	N	G
O	H	F	Z	R	Q	Y	V	X	T	N	L	F	N	X	R	H	P	E	E
F	V	E	R	F	I	N	D	E	N	S	R	M	S	Z	A	W	F	L	S
U	U	I	M	L	A	H	H	O	R	T	S	R	E	D	N	G	D	E	U
B	A	D	Q	B	B	P	B	O	D	E	K	C	H	N	H	G	N	G	N
Z	O	I	I	A	C	X	P	O	Y	K	U	Q	E	T	C	P	N	D	D
J	O	W	R	E	N	U	T	Z	L	O	S	M	N	R	S	E	Z	N	H
B	D	C	G	J	Q	T	U	J	W	L	A	R	H	W	M	G	K	A	E
G	W	T	N	W	V	U	S	E	L	T	S	A	M	M	B	G	I	H	I
Q	Z	V	T	G	P	M	A	N	Z	A	J	H	U	O	L	M	L	S	T
C	M	H	D	F	M	X	C	L	X	F	D	S	N	J	E	L	E	A	Y
T	S	A	G	R	E	D	T	D	I	Z	I	U	J	C	I	L	M	D	U
K	M	U	U	V	Q	V	I	W	T	T	K	H	T	A	B	F	H	N	R
K	J	S	P	S	O	Z	F	Z	O	X	Ä	A	K	H	E	V	K	I	P
Y	F	A	S	J	D	T	N	P	R	V	N	T	W	Z	N	Q	P	J	R

70

K	D	E	R	G	E	S	C	H	M	A	C	K	Q	N	X	F	W	M	U
B	S	U	L	P	E	F	K	D	I	E	B	E	Z	I	E	H	U	N	G
G	Y	R	O	E	V	O	N	D	Y	L	N	L	T	T	M	H	V	G	N
E	X	E	I	M	T	R	K	U	A	O	L	T	G	V	Z	W	R	F	E
J	W	N	P	B	Y	H	E	S	B	S	I	N	O	F	O	L	L	B	S
J	G	N	S	L	E	L	C	L	Z	N	B	I	L	R	G	N	T	W	S
R	Y	O	Y	O	Z	K	N	I	H	T	L	O	D	V	V	J	H	W	A
I	J	D	S	N	U	T	J	C	H	C	K	I	O	T	M	J	I	O	L
B	S	R	X	A	F	J	S	K	W	C	E	H	T	T	Q	H	L	A	E
G	U	E	Y	H	P	H	M	K	V	K	S	I	S	C	V	Q	L	L	G
E	Q	D	B	I	C	Q	V	P	A	U	R	E	W	A	N	Y	G	N	S
B	R	G	K	R	F	K	Y	R	S	T	S	T	G	Y	R	N	I	R	Q
R	I	X	U	S	C	O	T	T	N	E	Z	U	U	E	B	Y	V	O	N
O	G	D	B	L	M	O	D	I	R	I	C	D	A	N	I	W	V	T	L
C	T	Z	J	U	F	V	E	B	C	C	W	S	I	L	W	D	H	O	J
H	E	S	I	F	Q	R	K	W	Y	Y	V	V	B	E	A	D	N	M	E
E	F	Z	E	C	E	S	S	D	L	I	X	S	O	X	F	U	M	R	N
N	W	L	F	D	V	S	R	T	M	E	Z	J	P	U	A	E	K	E	B
U	E	U	N	E	K	C	E	R	H	C	S	R	E	V	G	M	E	D	C
V	G	A	H	A	H	F	I	E	M	E	I	X	R	I	I	F	S	P	O

PLUS DE DIALOG ABROAD